会社別就活ハンドブックシリーズ

# 2025

# カプコンの
# 就活ハンドブック

就職活動研究会 編
JOB HUNTING BOOK

# は じ め に

　2021年春の採用から，1953年以来続いてきた，経団連（日本経済団体連合会）の加盟企業を中心にした「就活に関するさまざまな規定事項」の規定が，事実上廃止されました。それまで卒業・修了年度に入る直前の3月以降になり，面接などの選考は6月であったものが，学生と企業の双方が活動を本格化させる時期が大幅にはやまることになりました。この動きは2022年春そして2023年春へと続いております。

　また新型コロナウイルス感染者の増加を受け，新卒採用の活動に対してオンラインによる説明会や選考を導入した企業が急速に増加しました。採用環境が大きく変化したことにより，どのような場面でも対応できる柔軟性，また非接触による仕事の増加により，傾聴力というものが新たに求められるようになりました。

　『会社別就職ハンドブックシリーズ』は，いわゆる「就活生向け人気企業ランキング」を中心に，当社が独自にセレクトした上場している一流・優良企業の就活対策本です。面接で聞かれた質問にはじまり，業界の最新情報，さらには上場企業の株主向け公開情報である有価証券報告書の分析など，企業の多角的な判断・研究材料をふんだんに盛り込みました。加えて，地方の優良といわれている企業もラインナップしています。

　思い込みや憧れだけをもってやみくもに受けるのではなく，必要な情報を収集し，冷静に対象企業を分析し，エントリーシート作成やそれに続く面接試験に臨んでいただければと思います。本書が，その一助となれば幸いです。

　この本を手に取られた方が，志望企業の内定を得て，輝かしい社会人生活のスタートを切っていただけるよう，心より祈念いたします。

就職活動研究会

# Contents

# 第1章

## カプコンの会社概況

会社によって選考方法は千差万別。面接で問われる内容や採用スケジュールもバラバラだ。採用試験ひとつとってみても，その会社の社風が表れていると言っていいだろう。ここでは募集要項や面接内容について過去の事例を収録している。

また，志望する会社を数字の面からも多角的に研究することを心がけたい。

# ✔ 企 業 理 念

## 遊文化をクリエイトする感性開発企業・カプコン

当社は、ゲームというエンターテインメントを通じて「遊文化」をクリエイトし、人々に「笑顔」や「感動」を与える「感性開発企業」を基本理念としています。1983年の創業以来、世界有数のソフト開発力を強みとして多くの作品を展開してきました。

キャラクターやストーリー、世界観、音楽など、多彩な要素の一つひとつがクリエイティビティの高い芸術作品であるゲームコンテンツは、心豊かな社会づくりを支援するとともに多彩なメディアにも活用されています。

当社は今後も世界一面白いコンテンツで社会や人々を幸せにできる企業となることを目指します。

- ●世界中に笑顔や感動を贈り心豊かな生活に貢献
- ●グローバルでのゲームユーザー拡大
- ●平等で、貧困のない ゲームを心から楽しめる 環境づくりに貢献
- ●高品質コンテンツを 継続的に開発、提供 収益の安定した創出
- ● SDGs を踏まえ、ESG の取り組みを推進

# ✔ 会社データ

| | |
|---|---|
| 設立年月日 | 1979年(昭和54年)5月30日 |
| 創業年月日 | 1983年(昭和58年)6月11日 |
| 本社所在地 | 大阪市中央区内平野町三丁目1番3号 |
| 代表者 | 代表取締役社長 最高執行責任者 (COO)<br>辻本春弘 |
| 資本金 | 332億39百万円<br>(2023年3月31日現在) |
| 主要な事業内容 | 家庭用テレビゲームソフト、モバイルコンテンツおよび遊技機等の企画、開発、製造、販売、配信ならびにアミューズメント施設の運営 |
| 連結経営成績 | 売上高 1,259億30百万円<br>営業利益 508億12百万円<br>経常利益 513億69百万円<br>親会社株主に帰属する当期純利益 367億37百万円<br>(2023年3月期実績) |
| 社員数 | 連結 3,332名<br>単体 3,027名<br>(2023年3月31日現在) |
| 株式 | 発行可能株式総数 600,000,000株<br>発行済株式の総数 266,505,623株<br>(2023年3月31日現在) |

2023年5月22日現在

# ✔ 事業内容

## デジタルコンテンツ事業

家庭用ゲーム機向けパッケージソフトとダウンロードコンテンツ（DLC）の開発・販売、モバイルコンテンツおよび PC オンラインゲームの開発・運営を行っています。コンシューマゲームでは、アクションやアドベンチャーを中心に独創的なオリジナルコンテンツを生み出し、これら多くのミリオンタイトルをスマートフォン・タブレット型端末や PC オンラインで活用し、全世界に配信することで収益の最大化を図っています。

## アミューズメント施設事業

国内でアミューズメント施設「プラサカプコン」を中心に運営しています。主に大型複合商業施設に出店し、各種イベントを開催してファミリー層や女性層を集客するとともに、スクラップ＆ビルドの徹底による効率的な店舗運営を実践しています。

## アミューズメント機器事業

家庭用ゲームのコンテンツを活用するビジネスを展開しています。パチンコ＆パチスロ（PS）事業では、遊技機向け筐体および液晶表示基板、ソフトウェアを開発・製造・販売。業務用機器販売事業では、アミューズメント施設向けに業務用ゲーム機器を開発・製造・販売しています。

## その他事業

ゲームコンテンツを多メディアに展開するワンコンテンツ・マルチユース戦略に基づき、多彩な版権ビジネスを推進しています。映画化やアニメ化、音楽CD・キャラクターグッズなどを展開するライセンスビジネスに加えて、eスポーツビジネスにも注力しています。

# ✔ 募集要項

| | |
|---|---|
| **募集職種** | プログラマー／デザイナー／企画／サウンド／総合職 |
| **応募資格** | ■大学院・大学・短大・高専・専門学校の卒業者<br>■大学院・大学・短大・高専・専門学校を2025年3月までに卒業見込みの方<br>※学科・学部不問 |
| **給与** | 基準報酬：月額23.5万円以上<br>モデル年収：2年目530万円／3年目570万円／5年目660万円／10年目810万円<br>諸手当：時間外勤務手当、通勤手当、地域手当（東京勤務の場合）株式報酬制度 等<br>※株式報酬は初年度より70株の権利付与。年間 約35万円相当（2023年11月末時点株価）<br>職位に応じて付与株数は最大200株まで増加、10年経過後に株式付与 |
| **賞与** | 年2回（夏・冬）※初年度の夏季賞与は寸志支給<br>上記に加え、業績に連動した変動賞与を支給<br>・2年目以上の全社員を対象とした、利益増加に連動する賞与制度（2023年度より新設）<br>・開発社員向けのインセンティブボーナス（営業利益の3％）等 |
| **勤務地** | 大阪・東京 |
| **勤務時間** | 9:30〜18:00<br>※始業・終業時間は配属部門により異なる場合があります。 |
| **休日・休暇** | 年間休日：123日（2023年度実績）<br>休日：完全週休二日制（土日）、祝日、年末年始休暇<br>休暇制度：年次有給休暇（初年度15日付与）、リフレッシュ休暇、障がい者特別休暇、帰国休暇、その他特別休暇 |
| **福利厚生** | 健康保険、厚生年金保険、雇用保険、労災保険<br>社員向け保育所（大阪）、社員食堂（大阪）、社員寮・借上げ社宅制度、保養所、マッサージルーム、特許報奨金制度、持株会、財形貯蓄制度、育児・介護者向け制度（勤務時間短縮／時差出勤／在宅勤務制度）、永年勤続表彰制度、クラブ活動（ゲームジャム／サッカー／バレーボール等）、カウンセリングサービス 等 |

# ✔2023年の重要ニュース (出典：日本経済新聞)

## ■カプコン、eスポーツ大会の優勝賞金100万ドルに増額 (2/21)

　カプコンは21日、自社の人気ゲーム「ストリートファイター6」の発売記念として、2023年シーズンのeスポーツ大会の優勝賞金を100万ドル（約1億3000万円）にすると発表した。賞金総額は過去最高の200万ドル以上（約2億6000万円以上）とする。22年シーズンは優勝賞金12万ドル、総額は約30万ドルだった。6月に「6」の販売を予定しており、ソフトの販売増につなげる。

　14年から続ける「カプコンプロツアー」の賞金を増額する。同大会は世界各国で予選会を行い、年に1回決勝大会を開いている。新型コロナウイルスが流行した20年シーズンからはオンライン中心で開催しており、誰でも参加できる。22年シーズンは総勢9000人超がエントリーした。

　23年シーズンでは「6」を採用する。カプコンは賞金増額について23年シーズンの「特別施策」と説明したうえで「eスポーツ普及に向けた仕組みを構築し、業界振興にも貢献したい」としている。

　ストリートファイターは1987年から続く人気シリーズで、2016年発売の「5」は世界累計で約700万本を販売した。カプコンの辻本春弘社長は「新しいタイトルの大会を世界中のファンと盛り上げていきたい」としている。

## ■カプコン、コロプラとゲーム特許を相互利用 (3/31)

　カプコンは31日、コロプラとゲーム関連の特許について相互利用できる契約を結んだと発表した。コロプラとは2017年からスマートフォン向けゲームに関する特許を中心に同様の契約を結んでいたが、今後は家庭用ゲーム機向けなど幅広い特許を対象にする。ゲーム業界では特許侵害で訴訟が起きるケースも多いが、相互利用契約を結ぶことで開発を円滑に進める狙いだ。

　両社は「ゲーム開発の自由度をさらに向上させ、より魅力的なコンテンツづくりを推進する」としている。お互いの特許への抵触を防ぐためにシステムを変更するなどの手間がなくなるため、開発コストや期間を削れる効果もあるとみられる。

## ■カプコン「ストリートファイター6」 世界販売100万本 (6/7)

　カプコンは7日、2日に発売した「ストリートファイター6」の世界販売本数

が7日までに100万本を突破したと発表した。同作は1987年から続くストリートファイターシリーズの約7年ぶりの新作。プレイステーション5やパソコンなど複数のハードで遊べる。

ストリートファイターは様々なキャラクターを操作して技を出し合う対戦格闘ゲーム。「6」では複雑なコマンドを打ち込まなくても簡単に必殺技が出せる操作モードを追加するなど、初心者に優しい仕様にした。カプコンは「（過去作と比べても）ユーザーからの評価が高い」としている。

カプコンによれば、ストリートファイターシリーズの累計販売本数は5000万本を超える。

同社は6を使ったeスポーツ大会「カプコンプロツアー」の2023年シーズンの賞金総額を過去最高の200万ドル（約2億8000万円）以上にすると発表している。eスポーツで話題性を高め、販売本数を伸ばしたい考え。

## ■カプコン、モンハン最新作を25年発売へ　約4年ぶり（12/8）

カプコンは8日、家庭用ゲーム機「プレイステーション5（PS5）」やパソコン（PC）など向けに、人気タイトル「モンスターハンター」の最新作を2025年に発売すると発表した。ゲーム名は「モンスターハンターワイルズ」。シリーズの新作は21年の「ライズ」以来約4年ぶり。

「モンスターハンター」はシリーズの第1作が04年に発売され、シリーズ累計の販売本数は約9500万本。21年に発売した「ライズ」の販売本数は1300万本を超えた。9月からは「ポケモンGO」を手掛ける米ナイアンティックと連携し、スマートフォン向けに「モンスターハンターナウ」を提供している。

カプコンは「ワイルズ」の内容など詳細は「お答えできない」と話し、24年の夏ごろに続報を発表するとしている。

# ✔ 就活生情報

ゲームに対してロジカルに，製作者の観点から評価や遊ぶことを意識しておくようにしましょう。

## CSプランナー職 2023卒

## エントリーシート
・形式：採用ホームページから記入
・内容：志望動機，なぜプランナーを目指したか，どんなゲームを作りたいのか

## セミナー
・選考とは無関係
・服装：リクルートスーツ
・内容：社員との座談会や逆質問，事業説明

## 筆記試験
・形式：会社独自のもの
・科目：数学，算数／国語，漢字／性格テスト

## 面接（個人・集団）
・雰囲気：和やか
・回数：2回
・質問内容：企画書のプレゼンや企画したゲームについて質問，人生で一番辛かった時と乗り越えかた，ストレス対処方法，会社選びの軸。

## 企業研究
・いろんなゲームを意識的に遊んで，遊び心地や体験を見つける試みをした

## 内定
・通知方法：電話

## ● その他受験者からのアドバイス
・人事の人がすごくフレンドリーであり，自分が活躍している姿が見えると言ってくれたり，他の企業も同時にエントリーしていたが企業選びを全力で応援してくれたのですごく嬉しかった

> 熱意と誠意が伝われば学歴は関係の無い職種ですので，とにかく自分がこの業界に興味がある，熱意がある事をアピールしてください。

**開発職** 2023卒

## エントリーシート
・形式：採用ホームページから記入
・内容：志望動機，企業分析，好きなゲームなどを深く掘り下げた質問

## セミナー
・選考とは無関係
・服装：きれいめの服装
・内容：特に可もなく不可も無い普通の内容

## 筆記試験
・形式：Webテスト
・科目：SPI（数学，算数／国語，漢字／性格テスト）

## 面接（個人・集団）
・雰囲気：和やか
・回数：5回
・質問内容：主に何故日本の企業を志望したのか？，日本とアメリカのゲーム市場のニーズの違い，ポートフォリオについての質問，スキルについての質問をされた。

## 内定企業研究
・小さい頃から興味のあった業界だったので，普段からコツコツと業界知識を蓄積していた。就活前はより一層企業分析と，市場分析に時間をかけた。

## 内定
・通知方法：電話

## ▶ その他受験者からのアドバイス
・とにかく迅速で，人事の方々の誠意が感じられる対応でした。面接官の方々も和やかでフレンドリーな印象でした。

# ✔ 有価証券報告書の読み方

## 01 部分的に読み解くことからスタートしよう

「有価証券報告書（以下，有報）」という名前を聞いたことがある人も少なくはないだろう。しかし，実際に中身を見たことがある人は決して多くはないのではないだろうか。有報とは上場企業が年に1度作成する，企業内容に関する開示資料のことをいう。開示項目には決算情報や事業内容について，従業員の状況等について記載されており，誰でも自由に見ることができる。

　一般的に有報は，証券会社や銀行の職員，または投資家などがこれを読み込み，その後の戦略を立てるのに活用しているイメージだろう。その認識は間違いではないが，だからといって就活に役に立たないというわけではない。就活を有利に進める上で，お得な情報がふんだんに含まれているのだ。ではどの部分が役に立つのか，実際に解説していく。

### ■有価証券報告書の開示内容

　では実際に，有報の開示内容を見てみよう。

| 有価証券報告書の開示内容 |
| --- |
| 第一部【企業情報】 |
| 　第1　【企業の概況】 |
| 　第2　【事業の状況】 |
| 　第3　【設備の状況】 |
| 　第4　【提出会社の状況】 |
| 　第5　【経理の状況】 |
| 　第6　【提出会社の株式事務の概要】 |
| 　第7　【提出会社の状参考情報】 |
| 第二部【提出会社の保証会社等の情報】 |
| 　第1　【保証会社情報】 |
| 　第2　【保証会社以外の会社の情報】 |
| 　第3　【指数等の情報】 |

有報は記載項目が統一されているため，どの会社に関しても同じ内容で書かれている。このうち就活において必要な情報が記載されているのは，第一部の第1【企業の概況】〜第5【経理の状況】まで，それ以降は無視してしまってかまわない。

## 02 企業の概況の注目ポイント

　第1【企業の概況】には役立つ情報が満載。そんな中，最初に注目したいのは，冒頭に記載されている【主要な経営指標等の推移】の表だ。

| 回次 | | 第25期 | 第26期 | 第27期 | 第28期 | 第29期 |
|---|---|---|---|---|---|---|
| 決算年月 | | 平成24年3月 | 平成25年3月 | 平成26年3月 | 平成27年3月 | 平成28年3月 |
| 営業収益 | (百万円) | 2,532,173 | 2,671,822 | 2,702,916 | 2,756,165 | 2,867,199 |
| 経常利益 | (百万円) | 272,182 | 317,487 | 332,518 | 361,977 | 428,902 |
| 親会社株主に帰属する当期純利益 | (百万円) | 108,737 | 175,384 | 199,939 | 180,397 | 245,309 |
| 包括利益 | (百万円) | 109,304 | 197,739 | 214,632 | 229,292 | 217,419 |
| 純資産額 | (百万円) | 1,890,633 | 2,048,192 | 2,199,357 | 2,304,976 | 2,462,537 |
| 総資産額 | (百万円) | 7,060,409 | 7,223,204 | 7,428,303 | 7,605,690 | 7,789,762 |
| 1株当たり純資産額 | (円) | 4,738.51 | 5,135.76 | 5,529.40 | 5,818.19 | 6,232.40 |
| 1株当たり当期純利益 | (円) | 274.89 | 443.70 | 506.77 | 458.95 | 625.82 |
| 潜在株式調整後1株当たり当期純利益 | (円) | — | — | — | — | — |
| 自己資本比率 | (%) | 26.5 | 28.1 | 29.4 | 30.1 | 31.4 |
| 自己資本利益率 | (%) | 5.9 | 9.0 | 9.5 | 8.1 | 10.4 |
| 株価収益率 | (倍) | 19.0 | 17.4 | 15.0 | 21.0 | 15.5 |
| 営業活動によるキャッシュ・フロー | (百万円) | 558,650 | 588,529 | 562,763 | 622,762 | 673,109 |
| 投資活動によるキャッシュ・フロー | (百万円) | △370,684 | △465,951 | △474,697 | △476,844 | △499,575 |
| 財務活動によるキャッシュ・フロー | (百万円) | △152,428 | △101,151 | △91,367 | △86,636 | △110,265 |
| 現金及び現金同等物の期末残高 | (百万円) | 167,525 | 189,262 | 186,057 | 245,170 | 307,809 |
| 従業員数[ほか、臨時従業員数] | (人) | 71,729[27,746] | 73,017[27,312] | 73,551[27,736] | 73,329[27,313] | 73,053[26,147] |

　見慣れない単語が続くが，そう難しく考える必要はない。特に注意してほしいのが，**営業収益**，**経常利益**の二つ。営業収益とはいわゆる**総売上額**のことであり，これが企業の本業を指す。その営業収益から営業費用（営業費（販売費＋一般管理費）＋売上原価）を差し引いたものが**営業利益**となる。会社の業種はなんであれ，モノを顧客に販売した合計値が営業収益であり，その営業収益から人件費や家賃，広告宣伝費などを差し引いたものが営業利益と覚えておこう。対して経常利益は営業利益から本業以外の損益を差し引いたもの。いわゆる金利による収益や不動産収入などがこれにあたり，本業以外でその会社がどの程度の力をもっているかをはかる絶好の指標となる。

■**会社のアウトラインを知れる情報が続く。**

　この主要な経営指標の推移の表につづいて,「会社の沿革」,「事業の内容」,「関係会社の状況」「従業員の状況」などが記載されている。自分が試験を受ける企業のことを,より深く知っておくにこしたことはない。会社がどのように発展してきたのか,主としている事業はどのようなものがあるのか,従業員数や平均年齢はどれくらいなのか,志望動機などを作成する際に役立ててほしい。

## 03 事業の状況の注目ポイント

　第2となる【事業の状況】において,最重要となるのは**業績等の概要**といえる。ここでは1年間における収益の増減の理由が文章で記載されている。「○○という商品が好調に推移したため,売上高は△△になりました」といった情報が,比較的易しい文章で書かれている。もちろん,損失が出た場合に関しても包み隠さず記載してあるので,その会社の1年間の動向を知るための格好の資料となる。

　また,業績については各事業ごとに細かく別れて記載してある。例えば鉄道会社ならば,①運輸業,②駅スペース活用事業,③ショッピング・オフィス事業,④その他といった具合だ。**どのサービス・商品がどの程度の売上を出したのか**,会社の持つ展望として,**今後どの事業をより活性化**していくつもりなのか,などを意識しながら読み進めるとよいだろう。

■「**対処すべき課題**」と「**事業等のリスク**」

　業績等の概要と同様に重要となるのが,「**対処すべき課題**」と「**事業等のリスク**」の2項目といえる。ここで読み解きたいのは,その会社の**今後の伸びしろ**について。いま,会社はどのような状況にあって,どのような課題を抱えているのか。また,その課題に対して取られている対策の具体的な内容などから経営方針などを読み解くことができる。リスクに関しては法改正や安全面,他の企業の参入状況など,会社にとって決してプラスとは言えない情報もつつみ隠さず記載してある。客観的にその会社を再評価する意味でも,ぜひ目を通していただきたい。

　次代を担う就活生にとって,ここの情報はアピールポイントとして組み立てやすい。「新事業の○○の発展に際して……」,「御社が抱える●●というリスクに対して……」などという発言を面接時にできれば,面接官の心証も変わってくるはずだ。

　最後に注目したいのが，第5【経理の状況】だ。ここでは，簡単にいえば【主要な経営指標等の推移】の表をより細分化した表が多く記載されている。ここの情報をすべて理解するのは，簿記の知識がないと難しい。しかし，そういった知識があまりなくても，読み解ける情報は数多くある。例えば**損益計算書**などがそれに当たる。

連結損益計算書

(単位：百万円)

| | 前連結会計年度<br>(自 平成26年4月1日<br>至 平成27年3月31日) | 当連結会計年度<br>(自 平成27年4月1日<br>至 平成28年3月31日) |
|---|---|---|
| 営業収益 | 2,756,165 | 2,867,199 |
| 営業費 | | |
| 　運輸業等営業費及び売上原価 | 1,806,181 | 1,841,025 |
| 　販売費及び一般管理費 | ※1 522,462 | ※1 538,352 |
| 　営業費合計 | 2,328,643 | 2,379,378 |
| 営業利益 | 427,521 | 487,821 |
| 営業外収益 | | |
| 　受取利息 | 152 | 214 |
| 　受取配当金 | 3,602 | 3,703 |
| 　物品売却益 | 1,438 | 998 |
| 　受取保険金及び配当金 | 8,203 | 10,067 |
| 　持分法による投資利益 | 3,134 | 2,565 |
| 　雑収入 | 4,326 | 4,067 |
| 　営業外収益合計 | 20,858 | 21,616 |
| 営業外費用 | | |
| 　支払利息 | 81,961 | 76,332 |
| 　物品売却損 | 350 | 294 |
| 　雑支出 | 4,090 | 3,908 |
| 　営業外費用合計 | 86,403 | 80,535 |
| 経常利益 | 361,977 | 428,902 |
| 特別利益 | | |
| 　固定資産売却益 | ※4 1,211 | ※4 838 |
| 　工事負担金等受入額 | ※5 59,205 | ※5 24,487 |
| 　投資有価証券売却益 | 1,269 | 4,473 |
| 　その他 | 5,016 | 6,921 |
| 　特別利益合計 | 66,703 | 36,721 |
| 特別損失 | | |
| 　固定資産売却損 | ※6 2,088 | ※6 1,102 |
| 　固定資産除却損 | ※7 3,957 | ※7 5,105 |
| 　工事負担金等圧縮額 | ※8 54,253 | ※8 18,346 |
| 　減損損失 | ※9 12,738 | ※9 12,297 |
| 　耐震補強重点対策関連費用 | 8,906 | 10,288 |
| 　災害損失引当金繰入額 | 1,306 | 25,085 |
| 　その他 | 30,128 | 8,537 |
| 　特別損失合計 | 113,379 | 80,763 |
| 税金等調整前当期純利益 | 315,300 | 384,860 |
| 法人税，住民税及び事業税 | 107,540 | 128,972 |
| 法人税等調整額 | 26,202 | 9,326 |
| 法人税等合計 | 133,742 | 138,298 |
| 当期純利益 | 181,558 | 246,561 |
| 非支配株主に帰属する当期純利益 | 1,160 | 1,251 |
| 親会社株主に帰属する当期純利益 | 180,397 | 245,309 |

　主要な経営指標等の推移で記載されていた**経常利益**の算出する上で必要な営業外収益などについて，詳細に記載されているので，一度目を通しておこう。
　いよいよ次ページからは実際の有報が記載されている。ここで得た情報をもとに有報を確実に読み解き，就職活動を有利に進めよう。

# ✔ 有価証券報告書

## 企業の概況

### 1 主要な経営指標等の推移

#### (1) 連結経営指標等

| 回次 | | 第40期 | 第41期 | 第42期 | 第43期 | 第44期 |
|---|---|---|---|---|---|---|
| 決算年月 | | 2019年3月 | 2020年3月 | 2021年3月 | 2022年3月 | 2023年3月 |
| 売上高 | (百万円) | 100,031 | 81,591 | 95,308 | 110,054 | 125,930 |
| 経常利益 | (百万円) | 18,194 | 22,957 | 34,845 | 44,330 | 51,369 |
| 親会社株主に帰属する当期純利益 | (百万円) | 12,551 | 15,949 | 24,923 | 32,553 | 36,737 |
| 包括利益 | (百万円) | 12,888 | 15,257 | 26,400 | 34,437 | 39,176 |
| 純資産額 | (百万円) | 88,749 | 99,735 | 120,794 | 146,475 | 161,129 |
| 総資産額 | (百万円) | 123,407 | 143,466 | 163,712 | 187,365 | 217,365 |
| 1株当たり純資産額 | (円) | 415.68 | 467.14 | 565.78 | 686.07 | 770.54 |
| 1株当たり当期純利益 | (円) | 57.73 | 74.70 | 116.74 | 152.48 | 174.73 |
| 潜在株式調整後1株当たり当期純利益 | (円) | — | — | — | — | — |
| 自己資本比率 | (%) | 71.9 | 69.5 | 73.8 | 78.2 | 74.1 |
| 自己資本利益率 | (%) | 14.4 | 16.9 | 22.6 | 24.4 | 23.9 |
| 株価収益率 | (倍) | 21.5 | 22.7 | 30.8 | 19.5 | 27.1 |
| 営業活動によるキャッシュ・フロー | (百万円) | 19,847 | 22,279 | 14,625 | 46,947 | 21,789 |
| 投資活動によるキャッシュ・フロー | (百万円) | △2,261 | △8,437 | △4,233 | △7,426 | △7,679 |
| 財務活動によるキャッシュ・フロー | (百万円) | △11,443 | △6,351 | △6,965 | △9,980 | △22,485 |
| 現金及び現金同等物の期末残高 | (百万円) | 53,004 | 59,672 | 64,043 | 95,635 | 89,470 |
| 従業員数 〔ほか，平均臨時雇用者数〕 | (名) | 2,832 〔597〕 | 2,988 〔612〕 | 3,152 〔605〕 | 3,206 〔648〕 | 3,332 〔685〕 |

(注) 1. 潜在株式調整後1株当たり当期純利益については，潜在株式が存在しないため記載しておりません。

2. 第44期より「株式付与ESOP信託」を導入しており，株主資本における自己株式において自己株式として計上されている「株式付与ESOP信託」に残存する自社の株式は，1株当たり純資産額および1株当たり当期純利益の算定上，期末発行済株式総数および期中平均株式数の計算において控除す

---

### *point* 主要な経営指標等の推移

　数年分の経営指標の推移がコンパクトにまとめられている。見るべき箇所は連結の売上，利益，株主資本比率の3つ。売上と利益は順調に右肩上がりに伸びているか，逆に利益で赤字が続いていたりしないかをチェックする。株主資本比率が高いとリーマンショックなど景気が悪化したときなどでも経営が傾かないという安心感がある。

る自己株式に含めております。

3. 2021年4月1日付で普通株式1株につき2株の割合で株式分割を行っております。第40期の期首に当該株式分割が行われたと仮定し，1株当たり純資産額および1株当たり当期純利益を算定しております。

4. 「収益認識に関する会計基準」（企業会計基準第29号　2020年3月31日）等を第43期の期首から適用しており，第43期および第44期に係る主要な経営指標等については，当該会計基準等を適用した後の指標等となっております。

## (2)　提出会社の経営指標等 ·············································

| 回次 | | 第40期 | 第41期 | 第42期 | 第43期 | 第44期 |
|---|---|---|---|---|---|---|
| 決算年月 | | 2019年3月 | 2020年3月 | 2021年3月 | 2022年3月 | 2023年3月 |
| 売上高 | （百万円） | 77,049 | 68,206 | 83,585 | 101,628 | 118,524 |
| 経常利益 | （百万円） | 18,381 | 18,820 | 31,298 | 40,864 | 47,305 |
| 当期純利益 | （百万円） | 17,304 | 16,947 | 22,949 | 29,289 | 33,244 |
| 資本金 | （百万円） | 33,239 | 33,239 | 33,239 | 33,239 | 33,239 |
| 発行済株式総数 | （千株） | 135,446 | 135,446 | 135,446 | 270,892 | 266,505 |
| 純資産額 | （百万円） | 81,784 | 94,326 | 112,098 | 132,675 | 141,398 |
| 総資産額 | （百万円） | 121,105 | 149,533 | 171,736 | 193,854 | 220,144 |
| 1株当たり純資産額 | （円） | 383.06 | 441.81 | 525.05 | 621.43 | 676.18 |
| 1株当たり配当額<br>（1株当たり中間配当額） | （円） | 35.00<br>(15.00) | 45.00<br>(20.00) | 71.00<br>(25.00) | 46.00<br>(18.00) | 63.00<br>(23.00) |
| 1株当たり当期純利益 | （円） | 79.59 | 79.38 | 107.49 | 137.19 | 158.12 |
| 潜在株式調整後<br>1株当たり当期純利益 | （円） | － | － | － | － | － |
| 自己資本比率 | （%） | 67.5 | 63.1 | 65.3 | 68.4 | 64.2 |
| 自己資本利益率 | （%） | 22.2 | 19.2 | 22.2 | 23.9 | 24.3 |
| 株価収益率 | （倍） | 15.6 | 21.4 | 33.4 | 21.6 | 29.9 |
| 配当性向 | （%） | 22.0 | 28.3 | 66.1 | 33.5 | 39.8 |
| 従業員数<br>〔ほか，平均臨時<br>雇用者数〕 | （名） | 2,530<br>〔592〕 | 2,688<br>〔607〕 | 2,841<br>〔599〕 | 2,904<br>〔646〕 | 3,027<br>〔681〕 |
| 株主総利回り<br>（比較指標：<br>配当込みTOPIX） | （%）<br>（%） | 109.4<br>(95.0) | 150.9<br>(85.9) | 319.3<br>(122.1) | 268.8<br>(124.6) | 428.0<br>(131.8) |
| 最高株価 | （円） | 3,045 | 3,565 | 7,570<br>※3,780 | 3,800 | 4,795 |
| 最低株価 | （円） | 1,903 | 2,032 | 3,210<br>※3,520 | 2,421 | 2,913 |

(注) 1. 潜在株式調整後1株当たり当期純利益については，潜在株式が存在しないため記載しておりません。

2. 第44期より「株式付与ESOP信託」を導入しており，株主資本における自己株式において自己株式として計上されている「株式付与 ESOP信託」に残存する自社の株式は，1株当たり純資産額および1株当たり当期純利益の算定上，期末発行済株式総数および期中平均株式数の計算において控除する自己株式に含めております。

3. 2021年4月1日付で普通株式1株につき2株の割合で株式分割を行っております。第40期の期首に当該株式分割が行われたと仮定し，1株当たり純資産額および1株当たり当期純利益を算定しております。

4. 第44期の1株当たり配当額63円には，期末配当額に10円の創業40周年記念配当が含まれております。

5. 「収益認識に関する会計基準」（企業会計基準第29号 2020年3月31日）等を第43期の期首から適用しており，第43期および第44期に係る主要な経営指標等については，当該会計基準等を適用した後の指標等となっております。

6. 最高株価および最低株価は，2022年4月3日以前は東京証券取引所市場第一部におけるものであり，2022年4月4日以降は東京証券取引所プライム市場におけるものであります。

7. ※印は，2021年4月1日付で普通株式1株につき2株の割合で行った株式分割による権利落ち後の株価であります。

## 2 沿革

　当社は，1979年5月に電子応用のゲーム機器の開発および販売を目的として設立されましたが，その後1983年6月に販売会社として子会社（旧）株式会社カプコンを設立し，それ以降当社はゲーム用ソフトの開発を主たる業務としてまいりました。しかし，その後開発と販売の一体化による経営の合理化のため，1989年1月1日付にて（旧）株式会社カプコンを吸収合併し，同時に商号をサンビ株式会社から株式会社カプコンに変更し，今日に至っております。

　以下は被合併会社である（旧）株式会社カプコンを含めて，企業集団に係る経緯を記載しております。

| 年月 | 沿革 |
|---|---|
| 1979年5月 | ・電子応用のゲーム機器の開発および販売を目的として，大阪府松原市にアイ・アール・エム株式会社（資本金1,000万円）を設立。 |
| 1981年5月 | ・子会社日本カプセルコンピュータ株式会社設立。 |
| 1981年9月 | ・サンビ株式会社に商号を変更し，本店を大阪府羽曳野市に移転。 |
| 1983年6月 | ・販売部門を担当する会社として，大阪市平野区に（旧）株式会社カプコン（資本金1,000万円）を設立。 |
| 1983年7月 | ・開発第1号機（メダル）「リトルリーグ」製造・販売。 |

| | |
|---|---|
| 1983年10月 | ・東京都新宿区に東京支店設置。 |
| 1984年5月 | ・業務用テレビゲーム開発・販売。 |
| 1985年8月 | ・米国に CAPCOM U.S.A.,INC. 設立。 |
| 1985年12月 | ・家庭用ゲームソフト開発・販売。 |
| 1989年1月 | ・サンビ株式会社が（旧）株式会社カプコンを吸収合併。商号を株式会社カプコンに変更し，本店を大阪市東区（現大阪市中央区）に移転。 |
| 1990年10月 | ・株式を社団法人日本証券業協会へ店頭銘柄として登録。 |
| 1991年2月 | ・株式会社ユニカ（1991年12月株式会社カプトロンに商号変更）を買収し，子会社とする。 |
| 1993年7月 | ・香港にCAPCOM ASIA CO.,LTD.を設立。 |
| 1993年10月 | ・株式を大阪証券取引所市場第二部に上場。 |
| 1994年5月 | ・上野事業所竣工。 |
| 1994年7月 | ・本社ビル竣工。本店を大阪市中央区内平野町に移転。 |
| 1995年6月 | ・米国にCAPCOM ENTERTAINMENT,INC.およびCAPCOM DIGITAL STUDIOS, INC.（2003年5月 CAPCOM STUDIO 8, INC.に商号変更）を設立。 |
| 1997年4月 | ・株式会社フラグシップを設立。 |
| 1999年9月 | ・大阪証券取引所市場第一部に指定替え。 |
| 2000年10月 | ・株式を東京証券取引所市場第一部に上場。 |
| 2002年11月 | ・英国に CE EUROPE LTD. を設立。 |
| 2003年2月 | ・ドイツに CEG INTERACTIVE ENTERTAINMENT GmbH（2012年11月 CAPCOM ENTERTAINMENT GERMANY GmbHに商号変更）を設立。 |
| 2006年10月 | ・株式会社ダレットを設立。 |
| 2007年3月 | ・CAPCOM ENTERTAINMENT,INC.が CAPCOM STUDIO8,INC.を吸収合併。 |
| 2007年6月 | ・当社が株式会社フラグシップを吸収合併。 |
| 2008年5月 | ・株式会社ケーツーの株式を取得し，子会社とする。 |
| 2008年7月 | ・フランスに CAPCOM ENTERTAINMENT FRANCE SAS を設立。 |
| 2008年11月 | ・株式会社エンターライズの株式を取得し，子会社とする。 |
| 2011年3月 | ・当社が株式会社ダレットを吸収合併。 |
| 2011年4月 | ・株式会社ビーライン・インタラクティブ・ジャパン（2016年4月株式会社カプコン・モバイルに商号変更）を設立。 |
| 2011年11月 | ・CAPCOM U.S.A.,INC.が CAPCOM ENTERTAINMENT,INC.を吸収合併。 |
| 2012年10月 | ・台湾に CAPCOM TAIWAN CO.,LTD.を設立。 |
| 2017年9月 | ・当社が株式会社カプコン・モバイルを吸収合併。 |

## (point) 沿革

どのように創業したかという経緯から現在までの会社の歴史を年表で知ることができる。過去に行った重要な M&A などがいつ行われたのか，ブランド名はいつから使われているのか，いつ頃から海外進出を始めたのか，など確認することができて便利だ。

| 2018年4月 | ・当社が株式会社カプトロンを吸収合併。<br>・株式会社カプコン管財サービスを設立。 |
|---|---|
| 2018年11月 | ・CAPCOM MEDIA VENTURES,INC.を設立。 |
| 2020年4月 | ・株式会社アデリオンおよびシンガポールに CAPCOM SINGAPORE PTE. LTD.を設立。<br>・CAPCOM U.S.A.,INC.がCAPCO M MEDIA VENTURES,INC.を吸収合併。 |
| 2022年4月 | ・CAPCOM PICTURES,INC.を設立。<br>・東京証券取引所の市場区分の見直しにより市場第一部からプライム市場へ移行。 |

## 3 事業の内容

　当社および当社の関係会社（当社，子会社12社および関連会社1社により構成）は，デジタルコンテンツ事業，アミューズメント施設事業，アミューズメント機器事業等を展開しております。

　当社および当社の関係会社の事業に係る位置付けおよびセグメントとの関連は，次のとおりであります。なお，以下に示す区分は，セグメントと同一の区分であります。

**（デジタルコンテンツ事業）**・・・・・・・・・・・・・・・・・・・・・・・・・・・・・・・・・・・・・・・・・・・・・・・・・・・・・・・・・・・・・・・・・・・・・・・・・

　当事業においては，家庭用ゲームおよびモバイルコンテンツの開発・販売をしております。

〔主な関係会社〕

（開発）株式会社カプコン，CAPCOM TAIWAN CO.,LTD.，株式会社ケーツー

（販売）株式会社カプコン，CAPCOM U.S.A.,INC.，CE EUROPE LTD.，CAPCOM TAIWAN CO.,LTD.，CAPCOM ENTERTAINMENT FRANCE SAS，CAPCOM ENTERTAINMENT GERMANY GmbH，CAPCOM SINGAPORE PTE.LTD.

**（アミューズメント施設事業）**・・・・・・・・・・・・・・・・・・・・・・・・・・・・・・・・・・・・・・・・・・・・・・・・・・・・・・・・・・・・・・・・

　当事業においては，ゲーム機等を設置した店舗の運営をしております。

〔主な関係会社〕株式会社カプコン

**（アミューズメント機器事業）** ‥‥‥‥‥‥‥‥‥‥‥‥‥‥‥‥‥‥‥‥‥‥‥‥‥‥‥

当事業においては，店舗運営業者等に販売する遊技機等の開発・製造・販売を
しております。

〔主な関係会社〕株式会社カプコン，株式会社エンターライズ，株式会社アデ
リオン


**（その他事業）** ‥‥‥‥‥‥‥‥‥‥‥‥‥‥‥‥‥‥‥‥‥‥‥‥‥‥‥‥‥‥‥‥‥‥

キャラクター関連のライセンス事業等を行っております。

〔主な関係会社〕株式会社カプコン，CAPCOM U.S.A.,INC.， CE EUROPE
LTD.， CAPCOM SINGAPORE PTE.LTD.， CAPCOM PICTURES,INC.


以上述べた事項を事業系統図によって示すと，次のとおりであります。

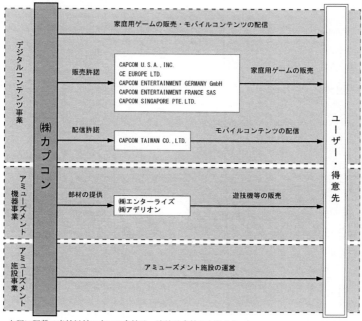

（注）　上記に記載の当社以外の全ての会社は，連結子会社であります。


**(point) 事業の内容**

会社の事業がどのようにセグメント分けされているか，そして各セグメントではどの
ようなビジネスを行っているかなどの説明がある。また最後に事業の系統図が載せて
あり，本社，取引先，国内外子会社の製品・サービスや部品の流れが分かる。ただセグ
メントが多いコングロマリットをすぐに理解するのは簡単ではない。

## 4 関係会社の状況

| 名称 | 住所 | 資本金<br>(百万円) | 主要な事業<br>の内容 | 議決権の所有<br>(又は被所有)<br>割合(%) | 関係内容 |
|---|---|---|---|---|---|
| （連結子会社） | | | | | |
| 株式会社ケーツー | 大阪市中央区 | 3 | デジタルコンテンツ事業 | 100.0 | 役員の兼任2名 |
| 株式会社エンターライズ | 東京都台東区 | 30 | アミューズメント機器事業 | 100.0 | 役員の兼任3名 |
| 株式会社カプコン管財サービス | 大阪市中央区 | 30 | 全社（共通） | 100.0 | 役員の兼任2名 |
| 株式会社アデリオン | 東京都台東区 | 80 | アミューズメント機器事業 | 100.0<br>(100.0) | 役員の兼任3名 |
| CAPCOM U.S.A., INC.<br>（注）2 | 米国<br>カリフォルニア州サンフランシスコ市 | 千USドル<br>159,949 | デジタルコンテンツ事業、その他事業 | 100.0 | 特約販売店契約に基づき、当社製品の販売<br>役員の兼任6名 |
| CAPCOM ASIA CO., LTD. | 香港<br>九龍 | 千香港ドル<br>21,500 | デジタルコンテンツ事業、その他事業 | 100.0<br>(100.0) | 役員の兼任3名 |
| CE EUROPE LTD. | 英国<br>ロンドン市 | 千英ポンド<br>1,000 | デジタルコンテンツ事業、その他事業 | 100.0 | 欧州地域における当社製品の販売<br>役員の兼任6名 |
| CAPCOM ENTERTAINMENT GERMANY GmbH | ドイツ<br>ハンブルク市 | 千ユーロ<br>25 | デジタルコンテンツ事業 | 100.0<br>(100.0) | ドイツおよびその周辺諸国における当社製品の販売<br>役員の兼任1名 |
| CAPCOM ENTERTAINMENT FRANCE SAS | フランス<br>サンジェルマン・アン・レー市 | 千ユーロ<br>37 | デジタルコンテンツ事業 | 100.0<br>(100.0) | フランスおよびその周辺諸国における当社製品の販売<br>役員の兼任1名 |
| CAPCOM TAIWAN CO., LTD. | 台湾<br>台北市 | 百万台湾元<br>80 | デジタルコンテンツ事業 | 100.0 | 役員の兼任1名 |
| CAPCOM SINGAPORE PTE. LTD. | シンガポール | 千シンガポールドル<br>29,870 | デジタルコンテンツ事業、その他事業 | 100.0 | 特約販売店契約に基づき、当社製品の販売<br>役員の兼任3名 |
| CAPCOM PICTURES, INC.<br>（注）5 | 米国<br>カリフォルニア州ロサンゼルス市 | 千USドル<br>1,000 | その他事業 | 100.0 | 役員の兼任4名 |
| （持分法適用関連会社） | | | | | |
| STREET FIGHTER FILM, LLC | 米国<br>カリフォルニア州バーバンク市 | 千USドル<br>10,000 | その他事業 | 50.0 | ———— |

（注）1.「主要な事業の内容」欄には、セグメント情報に記載された名称を記載しております。

2. 特定子会社であります。

3. 有価証券届出書または有価証券報告書を提出している会社はありません。

4. 議決権の所有割合の（ ）内の数字は、間接所有する割合であります。

5. 当社は、2022年4月に100％子会社であるCAPCOM PICTURES,INC.を設立いたしました。

## （1） 連結会社の状況 ·····················································

2023年3月31日現在

| セグメントの名称 | 従業員数(名) |
|---|---|
| デジタルコンテンツ事業 | 2,725<br>(161) |
| アミューズメント施設事業 | 187<br>(484) |
| アミューズメント機器事業 | 140<br>(1) |
| その他事業 | 65<br>(2) |
| 全社(共通) | 215<br>(37) |
| 合計 | 3,332<br>(685) |

(注) 1. 従業員数は，就業人員数であります。

2. 従業員数欄の（ ）は，臨時従業員の年間平均雇用人員であります。

3. 臨時従業員には，アルバイト，パートタイマーおよび嘱託契約の従業員を含み，派遣社員を除いております。

## （2） 提出会社の状況 ·····················································

2023年3月31日現在

| 従業員数(名) | 平均年齢(歳) | 平均勤続年数(年) | 平均年間給与(千円) |
|---|---|---|---|
| 3,027<br>(681) | 37.6 | 11.0 | 7,660 |

| セグメントの名称 | 従業員数(名) |
|---|---|
| デジタルコンテンツ事業 | 2,495<br>(160) |
| アミューズメント施設事業 | 187<br>(484) |
| アミューズメント機器事業 | 119<br>(1) |
| その他事業 | 48<br>(2) |
| 全社(共通) | 178<br>(34) |
| 合計 | 3,027<br>(681) |

(注) 1. 従業員数は，就業人員数であります。

2. 従業員数欄の（ ）は，臨時従業員の年間平均雇用人員であります。

3. 臨時従業員には，アルバイト，パートタイマーおよび嘱託契約の従業員を含み，派遣社員を除いております。

4. 平均年間給与は，賞与および基準外賃金を含んでおります。

### (point) 関係会社の状況

主に子会社のリストであり,事業内容や親会社との関係についての説明がされている。特に製造業の場合などは子会社の数が多く，すべてを把握することは難しいが，重要な役割を担っている子会社も多くある。有報の他の項目では一度も触れられていない場合が多いので，気になる会社については個別に調べておくことが望ましい。

**(3)　労働組合の状況** ·····················································

　当社には，労働組合は存在いたしません。


## ■ 事業の状況

### 1　経営方針，経営環境及び対処すべき課題等

　文中の将来に関する事項は，当連結会計年度末現在において，当社グループが判断したものであります。

**(1)　会社の経営の基本方針** ·····················································

　当社グループは，①世界最高品質のコンテンツ（IP）を継続して生み出す開発力・技術力，②世界に通用する多数の人気IPを保有していることを，強みとしております。

　今後も，中長期にわたる安定成長を実現し，企業価値向上を図るために，以下の「経営理念」に基づき，株主，顧客，取引先，従業員および地域社会などのステークホルダーとの信頼関係を構築し，共存共栄に努め，コーポレート・ガバナンスの継続的な充実に取り組んでまいります。

**＜経営理念＞**

　ゲームというエンターテインメントを通じて「遊文化」をクリエイトし，人々に感動を与える「感性開発企業」

**＜経営理念を実現するための取組み＞**

　ア．経営人材力の強化と後継者育成

　イ．性別・国籍・年齢等における多様性を図り，組織体制の整備と機能の向上

　ウ．取締役会による有効なリスクコントロール体制の構築

　エ．適時・適切な情報開示と対話による経営の透明化


**(2)　目標とする経営指標** ·····················································

　当社グループは，事業の継続的な拡大を通じて，企業価値を向上させていくことを経営の目標としております。

経営指標として「毎期10％営業利益増益」の中期経営目標に加え，現金の動きを把握するキャッシュ・フロー経営を重視するとともに，資本効率の観点から，ROE（自己資本利益率）向上による企業価値の増大に努めてまいります。また，連結配当性向について，将来の事業展開や経営環境の変化などを勘案のうえ，30％を基本方針とし，かつ安定配当の継続に努めてまいります。

### （3） 経営環境および中長期的な会社の経営戦略 ································

当社グループは，通信規格の高速大容量化への移行，コンテンツの提供チャネルの増加，デバイスの多様化，グローバルベースでのユーザーの拡大など，事業環境が大きく変化を遂げている状況下，中長期的な企業価値向上に向けた安定的な利益の確保が経営の重要課題と認識しております。

このため，「毎期10％営業利益増益」の達成を中期経営目標と定め，グローバルにさらなるブランド価値の向上とユーザーニーズの把握に努め，ユーザー数の拡大を図ることにより，主力事業のデジタルコンテンツ事業を成長させてまいります。その持続的な成長のために，原動力となる人材投資戦略を引き続き推し進めてまいります。

また，当社はステークホルダーの皆様からのご支援等により，2023年6月に創業40周年を迎えました。本周年記念の特設サイトとしてデジタル観光地「カプコンタウン」を開設するなど，様々な施策を講じてまいります。

今後とも企業価値の持続的向上を図り，中長期においてさらなる飛躍を目指してまいります。

### （4） 優先的に対処すべき事業上および財務上の課題 ···························

前記（3）を推進するため，以下の課題に取り組んでまいります。

### ① 人材投資戦略

当社グループは，企業価値創造の源泉である人的資本への取組みを，優先課題として位置づけております。

中期経営目標の達成のため，中核的競争力である開発体制の拡充を図るには，研究開発やコンテンツ制作にかかる人的資本への投資・活用における開発人員の

増強と生産性向上が重要であると認識しております。

　そのため，当社グループは毎年100名以上の開発人員の採用を推し進めており，2023年3月期末における開発人員数は2,460名となっております。

　加えて，当社グループは事業環境の変化に対応するため，性別，国籍，年齢等に関係なく採用や評価等を行うなど，多様性のある人材の確保・育成への投資に努めております。

　この結果，女性管理職は29名（管理職に占める割合は11.6％），外国人管理職は3名（管理職に占める割合は1.2％），中途採用者の管理職は140名（管理職に占める割合は56.0％）となっております。なお，当期から管理職の集計について関係法令に則った方法に変更しております。

　また，人材投資戦略のさらなる推進のため，次の施策等に取り組むことにより従業員エンゲージメントを高めるとともに，企業価値の向上を図ってまいります。

　　ア．経営層による人材課題への対応
　　　・各種説明会等を通じた意見交換による経営層と従業員の直接対話の継続
　　イ．将来を支える人材の確保と育成，働く環境の再整備
　　　・人権を尊重する会社風土の醸成
　　　・人事評価制度の刷新
　　　・採用戦略の再構築
　　　・福利厚生制度の拡充，パートナーシップ制度の導入
　　ウ．開発体制を支えるオフィス環境，開発設備の拡充
　　　・事業所拡大による開発オフィスの拡充
　　　・国内最大級のモーションキャプチャースタジオを備えた「クリエイティブスタジオ」の新設

② **次期の事業別戦略**

　次期においては，前記（3）の戦略に基づき以下の点を中心に取り組んでまいります。

　　ア．デジタルコンテンツ事業
　　　　当事業におきましては，当社グループのeスポーツ展開をけん引するシリーズ最新作『ストリートファイター6』（プレイステーション5，プレイステーショ

ン4，Xbox SeriesX¦S，パソコン用）の今年6月発売をはじめとして，完全新作タイトルの『エグゾプライマル』（プレイステーション5，プレイステーション4，Xbox SeriesX¦S，パソコン用）を7月に投入するなど，ブランドの価値向上とユーザー数の拡大を推し進めてまいります。また，当期発売の『モンスターハンターライズ：サンブレイク』や『バイオハザード RE:4』といったリピートタイトルについても，デジタル販売の強化と価格施策の推進により，収益の最大化と総販売本数の継続的な増加に努めてまいります。

イ．アミューズメント施設事業

当事業におきましては，新型コロナウイルス感染症の収束が期待される中，新業態店舗の展開を継続するとともに，引き続き機動的な「スクラップ・アンド・ビルド」に取り組み，効率的な店舗出店，運営を進めてまいります。次期は出店4店舗を予定しております。

ウ．アミューズメント機器事業

当事業におきましては，市場から大きな期待が寄せられているスマートパチスロの投入など，市場動向を反映した施策を推し進めてまいります。次期は4機種の投入により販売台数37千台を予定しております。

エ．その他事業

その他事業につきましては，eスポーツビジネスにおいて，2023年度からシリーズ最新作の『ストリートファイター6』を投入する「CAPCOM Pro Tour2023」において，当社史上最高の賞金総額200万ドル以上に拡大して開催するなど，グローバルにより多くの方々に楽しんでいただけるよう，様々な施策を講じてまいります。

また，「ストリートファイター」の実写映画およびテレビシリーズ化による同ブランドの全世界への浸透拡大を図るなど，コンテンツの映像化推進や他業種とのコラボレーションを通じ，ワンコンテンツ・マルチユース戦略の強みを最大限に生かした施策をグローバルに推し進めてまいります。

これらにより引き続き，コンテンツのブランド拡大を図るとともに，コーポレートブランドの価値の最大化に努めてまいります。

### ③ ESG，SDGsへの取組み

　当社グループは，前記（1）の経営理念のもと，様々な取組みを行っております。

　2023年3月期において，こどもの未来応援基金をはじめとし青少年の健全な育成に取り組んでおられる3団体への寄付を継続いたしました。また，引き続きウクライナ難民支援のため国連難民高等弁務官事務所に支援金を付託するとともに，新たにトルコ・シリア大地震への被害者支援金を寄付いたしました。

〔子どもの貧困対策関連〕

| 寄付先 | 金額 |
| --- | --- |
| 独立行政法人 福祉医療機構 こどもの未来応援基金 | 5,000万円 |
| 認定特定非営利活動法人 しんぐるまざあず・ふぉーらむ | 4,000万円 |
| 特定非営利活動法人 子どもセンターぬっく | 1,000万円 |

〔ウクライナ難民への支援〕

| 寄付先 | 金額 |
| --- | --- |
| UNHCR（国連難民高等弁務官事務所）<br>※日本の公式支援窓口「特定非営利活動法人 国連UNHCR協会」を通じて支援 | 2,000万円 |

〔トルコ・シリア大地震への支援〕

| 寄付先 | 金額 |
| --- | --- |
| 公益社団法人 セーブ・ザ・チルドレン・ジャパン<br>※トルコ・シリア大地震子ども支援窓口 | 3,000万円 |

　他方，他社に先駆けてコンテンツのデジタル販売を推進し，ディスク製造および運送に伴う資源削減や $CO_2$ 排出量の削減に努めるとともに，パチスロ機の製造・販売において省電力対応や一部パーツのリサイクルなど，環境負荷の低減に取り組んでおります。

　また，当社グループは環境対策の一環として，2022年6月から関西圏の自社所有ビル等に対して再生可能エネルギー由来の $CO_2$ フリー電力を導入しております。これにより，日本国内における電力使用量のうち同エネルギーにより約27％が賄われております。さらに，節電対策を施した自社データセンターの使用などの取組みを行うとともに，再生可能エネルギー使用を促進している大手クラウドサービス企業や大手データセンターサービス企業を利用しております。加え

---

### point 従業員の状況

　主力セグメントや，これまで会社を支えてきたセグメントの人数が多い傾向があるのは当然のことだろう。上場している大企業であれば平均年齢は40歳前後だ。また労働組合の状況にページが割かれている場合がある。その情報を載せている背景として，労働組合の力が強く，人数を削減しにくい企業体質だということを意味している。

て，2023年４月から当社東京支店においてグリーン電力を導入するなど，一層の環境負荷低減に努めてまいります。

　今後も，環境，社会問題における共通課題の解決に積極的に取り組んでまいります。そうした観点から SDGs が掲げる持続可能な社会づくりの目標を踏まえ，ESG への取組みを推進し，ステークホルダーの皆様との信頼関係を構築しながら，持続的な成長を図ってまいります。

④　コーポレート・ガバナンスに関する取組み

　当社は持続的な成長のためには取締役会の多様性確保が重要であると認識しており，性別，国籍，年齢等に関係なく，人格および識見に基づいて候補者を選定し，「多様な視点」「豊富な経験」「多様かつ特化した高度なスキル」を持ったメンバーで構成するよう努めております。

　加えて，当社グループは代表者のリーダーシップのもと強固な経営基盤と独自の開発体制，ビジネスモデルを強みとしております。また，当社において，任意の委員会を含めた社外取締役の積極的な参画の機会拡大を図り取締役会の監督機能を強化するなど，コーポレート・ガバナンスの向上に努めております。

　そのうえで，取締役会の実効性評価を踏まえ，一層の当社取締役会の機能強化のため，2023年３月期は社外取締役に対する現場視察や執行役員との意見交換会実施による情報提供のほか，取締役会専任部署の設置によるサポート体制強化等に取り組んでまいりました。

　2024年３月期は，経営の監督機能強化の実効性をさらに高めていくため，以下の課題に取り組んでまいります。

〔主な課題〕
・社外取締役との意見交換会等の情報提供のさらなる充実
・次世代の経営体制構築に向けた取締役，経営陣幹部の指名・報酬にかかる議論
・中長期的な企業価値向上に資する議論
　今後も，当社取締役会において諸課題の共有と理解を促進し，さらなる機能向上に努めてまいります。

---

_point_　**業績等の概要**

　この項目では今期の売上や営業利益などの業績がどうだったのか，収益が伸びたあるいは減少した理由は何か，そして伸ばすためにどんなことを行ったかということがセグメントごとに分かる。現在，会社がどのようなビジネスを行っているのか最も分かりやすい箇所だと言える。

⑤　情報セキュリティの強化への取組み

　当社グループは，情報が企業活動に与える影響の重要性に鑑み，個人情報保護法制への対応はもちろんのこと，各国で整備が進められる未成年者保護などの法制への対応のほか，国内外の様々なサイバーリスクへの対策が不可欠と認識しており，情報セキュリティ体制の強化に取り組んでおります。

　今後も，外部アドバイザリー組織であるセキュリティ監督委員会の助言等を踏まえ，継続的なシステムの運営・監視や非常時対応の体制維持および強化を図ってまいります。

⑥　政策保有株式に対する基本方針

　当社は，政策保有株式について慣例的な相互保有や人的関係の情実等を排除しております。将来の取引関係や持続的な企業価値の向上に資するか否かなど，中長期的な観点から得失等を総合的に勘案のうえ，現状最小限の3銘柄のみ保有しており，当期末現在の当該政策保有株式の保有額は，純資産の0.5%未満であります。

　なお，取締役会において，当該全株式の売却について決定のうえ各社と合意しており，今後，適宜売却を実施してまいります。

| 銘柄 | 保有目的 | 当社株式の保有の有無 |
|---|---|---|
| 株式会社三菱ＵＦＪフィナンシャル・グループ | 円滑な取引を維持するため | 有 |
| 株式会社みずほフィナンシャルグループ | 円滑な取引を維持するため | 有 |
| イオンモール株式会社 | 円滑な取引を維持するため | 無 |

## 2　サステナビリティに関する考え方及び取組

　文中の将来に関する事項は，当社グループが当連結会計年度末現在において合理的であると判断する一定の前提に基づいており，実際の結果とは様々な要因により大きく異なる可能性があります。

### （1）　サステナビリティに関する基本的な考え方

　当社グループは，『ゲームというエンターテインメントを通じて「遊文化」をクリエイトし，人々に感動を与える「感性開発企業」』の経営理念のもと，人々に「笑顔」や「感動」を与える心豊かな社会づくりを支援しております。

このため，SDGsが掲げる持続可能な社会づくりの目標を踏まえ，すべての人々が安心してゲームを楽しめる世界の実現に向け，ESGへの取組みを推進し，環境，社会問題における共通課題の解決に積極的に取り組んでおります。

また，株主，顧客，取引先，従業員および地域社会などのステークホルダーとの協働を図るとともに，積極的な情報開示と透明性の向上に努め，持続的な成長を図ってまいります。

＜当社グループのESGの基本方針＞

| | |
|---|---|
| 環境（E） | 当社グループは，事業が及ぼす気候変動への負の影響［$CO_2$・GHG（温室効果ガス）排出等］を最小化するため，再生可能エネルギーの使用とともに，環境汚染，資源利用などに対し，照明のLED化や販売ソフトのデジタル化の推進による資源の削減を図っており，引き続き取組みを進めてまいります。 |
| 社会（S） | 人権の尊重と人種，宗教，性別，年齢，性的指向，障害，国籍などによる差別の禁止，弱者保護による不平等の排除を徹底し，従業員の働きやすい環境づくり，人材の確保および育成を推し進めるほか，貧困で困窮する子供たちの健全な育成を願い，支援活動を行うなど，地域社会・顧客との健全な関係の構築に向けた取組みを進めてまいります。 |
| ガバナンス（G） | 経営の透明性，健全性を高めるとともに，環境の変化に対応できる体制の構築に努め，任意の委員会の活用などコーポレート・ガバナンスの機能強化による企業価値向上を図っております。今後もステークホルダーの皆様のご期待に応えるべく取組みを進めてまいります。 |

① **サステナビリティにかかるガバナンス**

当社取締役会は，当社グループのサステナビリティに関する基本的な方針を策定するとともに，重要な事項については，代表取締役またはコーポレート経営会議［議長は代表取締役会長（CEO）］より報告を受け，監督を行っております。

② **サステナビリティにかかるリスク管理**

コーポレート経営会議は，サステナビリティにかかるリスクおよび機会について対応方針および施策等を審議します。当該審議の結果を踏まえ，代表取締役または担当役員の指示により関連部門が取組みを推進し，代表取締役またはコーポレート経営会議に報告を行っております。

（2）**サステナビリティについての取組み** ・・・・・・・・・・・・・・・・・・・・・・・・・・・・・・・・・・・・・・・・・・

当社グループのサステナビリティについての具体的な取組み内容については，以下に記載の内容に加え，「1 経営方針，経営環境及び対処すべき課題等」ならびに当社統合報告書および当社ウェブサイトに記載しております。

**（3） 人的資本** ·················································································

　当社グループは，経営理念を実現しつつ持続的な成長を達成するにあたって は，世界最高品質のコンテンツを生み出し世界中にユーザーを広げていくための人材への投資が不可欠であると考えております。このため，当社グループでは，人的資本への取組みをサステナビリティに係る最重要課題と位置づけ，以下の体制および戦略により，人材投資戦略の推進に取り組んでおります。

① **ガバナンスとリスク管理**

　ア．人的資本については，代表取締役会長（CEO）が議長を務める人事委員会をおおむね毎月1回開催し，人材投資戦略について集中的に議論し，方針および施策等を決定しております。

　イ．同委員会の議論および決定方針を踏まえ，最高人事責任者（CHO）のもと，①開発部門の人事案件にあたる「開発人事部」，②職場環境の向上や従業員とのコミュニケーション強化に専門的に取り組む「健康経営推進部」，③人材戦略の企画・立案を行う「経営企画部人材戦略チーム」および④各種人事制度の運用を行う「人事業務部」が横断的に連携し，具体的な取組みを推進しております。なお，人事課題について，さらに迅速かつ円滑な対応を図るため，2023年4月1日付でCHO下に新たに人事統括を設置しました。

② **戦略および指標と目標**

　ア．将来を支える人材の確保と育成（開発力・マネジメント力強化）

　　当社は，開発人員の継続的拡充のため，毎年100名規模の開発新卒採用と，積極的な中途採用を実施しております。

　　また，人材育成のための施策として，開発人員の育成施策の強化（若手育成のための OJT/Off-JT の充実，人材情報データベース強化等），管理職候補者に対するマネジメント力向上のための研修，その他自己啓発促進のための Off-JT の充実を行っております。

　　加えて，優秀層の確保・定着や従業員のモチベートのため，報酬制度の改定による給与水準向上，業績連動性を高めた賞与制度および従業員株式報酬制度の一種である株式付与 ESOP信託（以下，「 ESOP信託」という）の導入，人事評価の客観性および納得感向上のための評価制度の見直し等を行ってお

りますなお，ESOP信託については，当社の国内すべての正社員（海外出向者等の非居住者を除く）を対象としております。

以上の取組みに関する指標の実績および目標は以下のとおりです。

【参考】

| 決算年月 | 2019年3月 | 2020年3月 | 2021年3月 | 2022年3月 | 2023年3月 | 2019年3月比 | 2024年3月（計画） |
|---|---|---|---|---|---|---|---|
| 売上高（連結）（百万円） | 100,031 | 81,591 | 95,308 | 110,054 | 125,930 | 125.9% | 140,000 |
| 営業利益（連結）（百万円） | 18,144 | 22,827 | 34,596 | 42,909 | 50,812 | 280.0% | 56,000 |
| 営業利益率（連結）（%） | 18.1 | 28.0 | 36.3 | 39.0 | 40.3 | +22.2pt | 40.0 |

2023年3月31日現在

| 決算年月 | 2019年3月 | 2020年3月 | 2021年3月 | 2022年3月 | 2023年3月 | 2019年3月比 | 目標 |
|---|---|---|---|---|---|---|---|
| 従業員数（連結）（名） | 2,832 | 2,988 | 3,152 | 3,206 | 3,332 | 117.7% | |
| うち開発職 | 2,032 | 2,142 | 2,285 | 2,369 | 2,460 | 121.1% | 毎期100名増 |
| 従業員数（単体）（名） | 2,530 | 2,688 | 2,841 | 2,904 | 3,027 | 119.6% | |
| うち開発職 | 1,910 | 2,024 | 2,150 | 2,224 | 2,321 | 121.5% | 毎期100名増 |
| 平均年齢（単体）（歳） | 36.8 | 37.1 | 37.1 | 37.3 | 37.6 | +0.8 | ― |
| うち開発職 | 35.7 | 36.0 | 36.0 | 36.3 | 36.6 | +0.9 | ― |
| 開発職年齢分布（単体）（%）（注2） | | | | | | | |
| 29歳以下 | 30.2 | 30.5 | 31.2 | 31.9 | 31.8 | +1.6pt | ― |
| 30代 | 36.3 | 35.4 | 35.0 | 33.2 | 32.6 | △3.7pt | ― |
| 40代 | 30.6 | 30.2 | 27.8 | 26.2 | 25.2 | △5.4pt | ― |
| 50代 | 2.9 | 4.0 | 6.0 | 8.7 | 10.4 | +7.5pt | ― |
| 新卒採用数（単体）（名） | 145 | 138 | 198 | 163 | 163 | 112.4% | |
| うち開発職 | 115 | 109 | 160 | 139 | 133 | 115.7% | 毎期100名以上 |
| 平均年間給与（単体）（千円） | 5,885 | 5,998 | 6,034 | 7,127 | 7,660 | 130.2% | 継続向上 |
| うち開発職 | 5,843 | 5,948 | 5,991 | 7,137 | 7,657 | 131.0% | 継続向上 |
| 従業員1人当たり株式報酬付与数（ポイント）（注3） | ― | ― | ― | ― | 97 | ― | 100ポイント程度 |
| 市場価格換算（千円） | ― | ― | ― | ― | 457 | | |
| 平均年間給与分布（単体）（%） | | | | | | | |
| 400万円以下 | 19.8 | 17.4 | 17.6 | 6.5 | 6.5 | △13.3pt | |
| 400〜600万円 | 42.7 | 41.9 | 41.7 | 31.8 | 18.7 | △24.0pt | |
| 600〜800万円 | 24.9 | 26.7 | 24.7 | 33.7 | 41.4 | +16.5pt | |
| 800〜1,000万円 | 7.4 | 8.5 | 10.0 | 16.3 | 19.2 | +11.8pt | |
| 1,000〜1,500万円 | 3.5 | 4.0 | 4.8 | 9.7 | 12.0 | +8.5pt | |
| 1,500〜3,000万円 | 1.5 | 1.3 | 1.1 | 1.8 | 2.1 | +0.6pt | |
| 3,000万円以上 | 0.2 | 0.2 | 0.1 | 0.2 | 0.1 | △0.1pt | |

(注) 1. 本表の集計は，いずれも正社員を対象にしております。

2. 年齢分布について具体的な目標値は設定しておりませんが，従業員の高齢化の程度に関する指標として注視してまいります。なお，60代以上については定年再雇用により正社員から嘱託契約の従業員に変更となるため，集計対象外となります。

3. 従業員1人当たり株式報酬付与数は，ESOP信託に基づく年間の制度対象者1人当たりの平均付与ポイント数であり，1ポイントが1株に対応します。また，市場価格換算は，期末時点の当社株価終値に基づき当該ポイント数を金銭換算したものです。当該ポイントは，株式として交付され従業員に支給されるまでは，平均年間給与に含まれておりません。

## ＜当期末の実績について＞

・開発人員数については，おおむね計画どおりの推移であります。

・開発職の年齢分布については，50代以上の構成比が増加傾向にあり，1994年3月期から1996年3月期にかけて新卒採用数を増やした影響によるものと考えております。50代以上の中核人材については，積極的な後継者育成に努めてまいります。

・平均年間給与については，当期の当社正社員の昇給率は全体で30.1％となり，2022年3月31日付プレスリリースで公表しておりました平均基本年収の30％増額を実施いたしました。

・なお，本表の平均年間給与の算出にあたり，賞与は各事業年度中の支給額に基づき計算しておりますが，2022年6月支給の夏季賞与については，2021年3月期の労働に対する対価であることから，当期報酬制度改定による昇給前の基準報酬に基づいて支給しております。また，当期の報酬制度改定に先行して，2022年3月期において昇給予定額の50％相当となる1人当たり平均798千円を一時金（特別賞与）として支給しております。参考として，上記一時金を前期の平均年間給与から控除し，賞与を各事業年度における引当額ベースで計算した場合には，賞与を含む平均年間給与は2022年3月期6,389千円に対して当期は8,259千円となり，前期比約29.2％増となります。なお，当期より従業員株式報酬制度（ESOP信託）の適用を開始しているところ，当該制度による付与ポイント数については，上記平均年間給与に含まれておりません。

・今後も，昇給および業績連動性を高めた賞与制度によって，営業利益の成長

に相応した平均年間給与の向上に努めてまいります。

## イ．働く環境の再整備

当社グループは，従業員が働きやすい環境づくりによる従業員の離職防止およびエンゲージメント向上に取り組んでおります。具体的な施策としては，就業環境および設備の継続的な改善・拡充，会社貢献を称えるための社内表彰制度，ハラスメント対策研修の充実およびグローバルで利用可能な相談窓口の設置，従業員向け保養所の提供，その他福利厚生制度の継続的拡充等を行っております。

また，従業員のニーズを経営層が直接把握するため，当期においては計20回の経営層による従業員向けの説明会等を実施しており，延べ1,400名超の従業員が参加いたしました。

以上の取組みに関する指標の実績および目標は以下のとおりです。

2023年3月31日現在

| 決算年月 | 2019年3月 | 2020年3月 | 2021年3月 | 2022年3月 | 2023年3月 | 目標 |
|---|---|---|---|---|---|---|
| エンゲージメント（単体）<br>（偏差値）（注1） | | | | | | |
| 　ワークエンゲージメント | 51.2 | 51.5 | 52.6 | 51.8 | 54.4 | 55.0 |
| 　エンプロイーエンゲージメント | － | － | － | － | 51.8 | 55.0 |
| 離職率（単体）（％）（注2） | 4.9 | 4.3 | 3.9 | 5.4 | 3.5 | － |
| 　うち自己都合（％） | 4.3 | 4.0 | 3.6 | 4.7 | 3.2 | 3.0程度 |
| 従業員1人当たり営業利益（連結）<br>（千円）（注3） | 6,406 | 7,639 | 10,975 | 13,384 | 15,249 | 継続向上 |
| 年次有給休暇取得率（単体）（％）<br>（注4） | 77.5 | 78.1 | 74.4 | 87.0 | 88.2 | 継続向上 |
| 平均残業時間（法定外）（単体）<br>（時間／月）（注5） | 11.7 | 11.3 | 8.2 | 9.5 | 10.1 | － |

（注）1．エンゲージメントは，当社従業員（社会保険対象外の短時間労働者を除く）を対象とした外部業者によるアンケート調査（エンゲージメント・サーベイ）の結果における当社の偏差値であります。このうち，ワークエンゲージメントは，仕事に対する自発的行動やポジティブな感情についてのアンケート結果に基づく数値であり，エンプロイーエンゲージメントは，会社への愛着等についてのアンケート結果に基づく数値です。当期の具体的な調査方法としては，複数の質問について従業員が「全く当てはまらない」「あまり当てはまらない」「まあまあ当てはまる」または「とても当てはまる」のいずれかで回答した結果を，外部業者において他社と比較し，偏差値を算出しております。なお，当期からアンケート調査の委託先を変更したことにより，アンケート項目が前期から変更となっております。

　　　2．離職率は，各期首の従業員総数に対する期中に退職した従業員数（期中に入社および退職した従業員を除く）の割合であり，集計対象は正社員のみであります。

3. 従業員1人当たり営業利益は，当社グループの連結営業利益を連結正社員数で割ったものであります。
4. 年次有給休暇取得率は，各期の年次有給休暇の取得日数の合計を付与日数の合計で割ったものであり，集計対象は全従業員（臨時従業員を含む）であります。
5. 平均残業時間（法定外）は，残業時間の集計対象である従業員（正社員のみ）の月平均法定時間外労働時間であります。なお，開発職のうち裁量労働制の対象者（変動賞与を除く基準年俸で7,400千円以上）および総合職のうち労働基準法上の管理監督者となる部長職以上は残業時間の集計対象外となります。

## ＜当期末の実績について＞

・仕事に対する自発的行動やポジティブな感情についての指標であるワークエンゲージメントは例年よりも高い水準となり，報酬制度改定および働きやすい環境づくりへの取組みが貢献したものと考えております。具体的なアンケート結果の例としては，次の質問に「まあまあ当てはまる」以上の回答をした従業員が，それぞれ以下の割合となりました。
・仕事では，自分なりの創意工夫を行っている。88.7%
・仕事で必要なことであれば，自分の役割を超えて仕事をしている。76.0%
・今の仕事をしているときは，楽しいと感じる。70.9%
・会社への愛着等に対する指標であるエンプロイーエンゲージメントに関する具体的なアンケート結果の例としては，次の質問に「まあまあ当てはまる」以上の回答をした従業員が，それぞれ以下の割合となりました。
・今の会社には，親しみや愛着を感じる。77.5%
・今の会社で働くことができて本当に良かったと思う。85.6%
・今の会社で働くことは，自分の人生にとってプラスになっている。86.2%
・離職率は前期より低下しており，報酬制度改定および働きやすい環境づくりへの取組みが貢献したものと考えております。
・従業員1人当たりの営業利益は増加傾向にあり，今後もさらなる向上を目指してまいります。
・年次有給休暇取得率は上昇傾向にあり，今後もさらなる向上を目指してまいります。
・平均法定外労働時間はほぼ例年並みであり，適正な範囲内と考えております。

ウ．人材の多様性の確保

　　当社グループでは，人材の多様性の確保が国際的な競争力の強化にもつながるとの考えに基づき，以下のとおり，女性，外国人および中途採用者の確保・活用を推進しております。

（ア）　性別・性的指向・性自認の多様性

　　当社は，採用段階での女性の積極的採用，管理職候補者に対するキャリア形成研修および女性管理職の積極登用を行っております。また，女性が働きやすい環境づくりのための産前産後休暇・育児休業や時短勤務制度の推進，有給での生理休暇制度およびハラスメント防止のための社内研修等を行っております。なお，育児休業の取得状況等については，後記の「エ．育児介護支援」に詳細を記載しております。加えて，性的指向や性自認にかかわらず福利厚生制度において平等の取り扱いをするため，2023年4月1日付でパートナーシップ制度を導入しました。

（イ）　外国人の確保・活用

　　当社は，外国人の積極的採用，外国籍従業員のキャリアアップ支援と管理職への積極登用および日本語教育プログラム等を行っております。また，外国人が働きやすい環境づくりのため，海外から日本への引っ越しを伴う場合の住居確保の支援，一時帰国のための特別休暇制度の導入（2023年4月1日付），外国籍従業員のニーズを把握するための経営層との意見交換会等を行っております。

　　（ウ）中途採用者の確保・活用

　　当社は，中途採用による高度な専門スキルを有する人材の確保の推進と管理職への積極登用を行っております。

以上の取組みに関する指標の実績および目標は以下のとおりです。

| 決算年月 | 2019年3月 | 2020年3月 | 2021年3月 | 2022年3月 | 2023年3月 | 目標 |
|---|---|---|---|---|---|---|
| 従業員に占める女性比率（単体）（％） | 21.3 | 21.6 | 21.5 | 21.0 | 21.3 | 継続向上 |
| 管理職に占める女性比率（単体）（％） | | | | | | |
| 　旧制度（注2） | 9.5 | 9.2 | 10.3 | 12.5 | 13.7 | 15.0 |
| 　新制度 | 9.5 | 9.2 | 10.6 | 10.7 | 11.6 | 15.0 |
| 平均年間給与（単体）（千円） | | | | | | |
| 　男性 | 6,182 | 6,316 | 6,329 | 7,393 | 7,904 | 継続向上 |
| 　女性 | 4,794 | 4,848 | 5,028 | 6,130 | 6,751 | 継続向上 |
| 平均年齢（単体）（歳） | | | | | | |
| 　男性 | 37.5 | 37.7 | 37.7 | 37.9 | 38.1 | － |
| 　女性 | 34.2 | 34.7 | 34.9 | 35.4 | 35.8 | － |
| 従業員に占める外国人比率（単体）（％） | 4.9 | 6.0 | 6.8 | 6.6 | 6.7 | 継続向上 |
| 　出身国数 | 24 | 28 | 31 | 33 | 34 | 継続向上 |
| 管理職に占める外国人比率（単体）（％） | | | | | | |
| 　旧制度 | 0.8 | 1.6 | 2.3 | 2.5 | 1.3 | 継続向上 |
| 　新制度 | 0.8 | 1.6 | 1.3 | 1.7 | 1.2 | 継続向上 |
| 管理職に占める中途採用者比率（単体）（％） | | | | | | |
| 　旧制度 | 55.4 | 56.6 | 56.7 | 55.9 | 58.7 | － |
| 　新制度 | 55.4 | 56.6 | 53.3 | 53.3 | 56.0 | － |

（注） 1. 本表の集計は，いずれも正社員を対象としております。ただし，管理職に関する指標は，管理職である嘱託契約の従業員も集計対象に含んでおります。

2. 当期の人事制度改定において，従来管理職として扱っておりましたスペシャリスト職（部下のマネジメントを行わない代わりに高度な専門性を発揮するポジション）を関係法令に則った取扱いに変更したことから，スペシャリスト職が管理職の範囲から除外されております。このため，集計にスペシャリスト職を含む数値を「旧制度」，スペシャリスト職を含まない数値を「新制度」として表示しております。

＜当期末の実績について＞

・女性管理職比率については上昇傾向にあり，男女賃金格差も減少傾向にはありますが，今後も引き続き，女性管理職比率の向上を含む女性従業員の育成・積極的登用に尽力し，男女賃金格差の縮小に努めてまいります。

・外国籍従業員の比率および出身国数はいずれも上昇傾向にあります。一方で，管理職に占める外国人比率については，該当者の退職により2022年3月期より減少いたしました。今後も，従業員の国際的な多様性のための外国人の積極採用，登用および定着に尽力してまいります。

・管理職に占める中途採用者比率は，既に高い水準にあると考えております。

エ．育児介護支援

　　当社は，従業員のワークライフバランスの実現のため，育児介護休業の取
　得推進，事業所内保育所「カプコン塾」の設置，テレワーク等による育児介
　護支援制度の充実等を図っております。

以上の取組みに関する指標の実績および目標は以下のとおりです。

2023年3月31日現在

| 決算年月 | 2019年3月 | 2020年3月 | 2021年3月 | 2022年3月 | 2023年3月 | 目標 |
|---|---|---|---|---|---|---|
| 育児休業取得率(%)(注1) | 27.1 | 24.7 | 35.1 | 48.7 | 52.5 | ― |
| うち男性 | 10.3 | 12.5 | 21.5 | 34.5 | 45.5 | 50.0 |
| うち女性 | 100.0 | 100.0 | 94.4 | 90.0 | 85.7 | 100.0 |
| 男性育児休業平均取得日数(日)(注2) | 38.3 | 65.7 | 61.0 | 87.6 | 74.5 | 継続向上 |

（注）　1.　育児休業の取得率は，各期中に本人または配偶者が出産した従業員数（単体，臨時社員を含む全従
　　　　　業員）に対する，当該期中に育児休業を取得した従業員数の割合であります。なお，過年度に本人
　　　　　または配偶者が出産した従業員が，翌期に育児休業を取得することがあるため，取得率が100%を
　　　　　超えることがあります。
　　　　2.　男性育児休業平均取得日数は，各期中に育児休業から復職した男性従業員（単体，臨時従業員を含
　　　　　む全従業員）の育児休業日数の平均値であります。

＜当期末の実績について＞

・女性の育児休業取得率が2022年3月期を下回っている点は，当期末時点で
　産後休業中の従業員や，産後休業後に自己都合により退職した臨時従業員
　等による影響であります。

・男性の育児休業取得率および平均取得日数は，ともに上昇傾向となっており
　ます。今後も男性育児休業の取得推進や，長期取得しやすい社内環境の整備
　に努めてまいります。

## （4）　知的財産

　　当社グループは，世界最高品質のコンテンツ（IP）を継続して生み出す開発力・
技術力と，世界に通用する多数の人気IPを保有していることを強みとしておりま
す。

　　これらを活用し，事業活動を通じて独自の人気 IP を創出することに加え，「ワ
ンコンテンツ・マルチユース戦略」により様々な分野に展開することで，事業の
拡大を図っております。

今後も，当社グループの持続的・安定的な成長と「毎期10％営業利益増益」の中期経営目標達成のためには，IPを継続的に生み出すための投資およびグローバルにブランド認知の拡大・浸透が重要であると考えております。

　また，当社グループは知的財産の活用および適切な管理・保護を図ることにより，企業価値の向上に努めております。

　このため，以下の知的財産戦略の推進に取り組んでおります。

・戦略および指標と目標

　ア．知的財産への投資

　　　当社グループは，世界最高品質のIPを創出すべく，人材投資戦略の推進および当社独自の開発エンジン等の最先端技術の研究開発や開発環境構築のための積極的な成長投資を行っております。

　　　加えて，当社グループの保有する豊富なIPとeスポーツや映像，ライセンスなどの周辺ビジネスとの連携を強化し，全世界へのコンテンツおよびコーポレートブランドの拡大・浸透を図ることにより，ブランド価値の向上に努めております。

　　　以上の取組みに関する指標の実績および計画は以下のとおりです。

2023年3月31日現在

| 決算年月 | 2019年3月 | 2020年3月 | 2021年3月 | 2022年3月 | 2023年3月 | 2024年3月（計画） |
|---|---|---|---|---|---|---|
| 開発投資額（連結）（百万円）(注1) | 27,038 | 25,843 | 25,375 | 29,862 | 37,719 | 45,000 |
| 販売タイトル数 | 297 | 305 | 301 | 304 | 307 | － |
| 販売国・地域数 | 222 | 220 | 216 | 219 | 230 | － |
| ゲームソフト年間販売本数（千本） | 25,300 | 25,500 | 30,100 | 32,600 | 41,700 | 45,000 |

（注）1．コンテンツ部分の金額を含めて記載しております。

　　　2．上記指標の計画値は2023年5月10日公表の2024年3月期における計画であります。

　イ．知的財産の保護および活用

　（ア）　知的財産の保護・権利化

　　　　当社グループは，積極的な特許・商標出願を推し進め，知的財産の保護・権利化に努めることにより，事業におけるグローバル展開のさらなる深化を図っております。

　　　　また，これらの権利化した特許をクロスライセンス契約等で活用すること

により，ゲーム開発の自由度を向上させ，魅力的なコンテンツ作りを推進するとともに，当社グループの知的財産権の保護のため，侵害行為への対策の推進および侵害行為を検出した場合の削除等の対応により，知的財産の適切な管理・保護に努めております。

　加えて，他社の知的財産権の侵害予防のための社内啓発活動などを実施しております。

（イ）　知的財産の創出・活用

　当社グループは，知的財産部が事業部門や開発部門を一気通貫体制により，社内教育等を実施するなど，知的財産のリスクの管理や継続的な新規創出を支援しております。また，知的財産の価値の最大化と積極的な活用を推進し，企業価値の向上に努めております。

以上の取組みに関する指標の実績および目標は以下のとおりです。

2023年3月31日現在

| 決算年月 | 2019年3月 | 2020年3月 | 2021年3月 | 2022年3月 | 2023年3月 | 目標 |
|---|---|---|---|---|---|---|
| 著作権等侵害削除対応件数（件）（注1） | 1,052 | 1,922 | 4,993 | 4,136 | 6,940 | （注2） |
| 特許保有件数（件） | 527 | 547 | 634 | 736 | 912 | （注2） |
| 商標保有件数（件） | 2,817 | 3,733 | 4,699 | 5,043 | 5,523 | （注2） |

（注）1.　当社グループのコンテンツの海賊版や知的財産権を侵害したとみられる画像・動画などの削除等の対応件数であります。

　　　2.　上記の各数値については，対象期の開発または発売タイトルラインナップなどにより変動等の影響を受けるため，具体的な目標値は開示しておりません。

## （5）　情報セキュリティ

　当社グループは，今後さらにグローバルでのデジタル販売の推進およびビジネスのデジタルシフトによる販売の多様化と効率化を加速していくためには，情報が企業活動に与える影響の重要性に鑑み，情報セキュリティの確保が重要であると考えております。

・戦略

　当社グループは，個人情報保護法制への対応はもちろんのこと，各国で整備が進められる未成年者保護などの法制への対応のほか，国内外の様々なサイバーリスクへの対策が不可欠と認識しており，情報セキュリティ体制の強化に取り組ん

でおります。

　当社グループは，情報の保存および管理については，「情報管理総則」等の規程やガイドラインに基づき，個人情報などの各種機密情報を適切に管理しております。

　加えて，権限管理の強化やソフトウェアの最新化，システムの簡素化を図るとともに，外部との接続を常時監視する SOC サービスや機器の不正な挙動等を早期に検知する EDR 等を導入するなど，情報セキュリティの確保に努めております。また，外部アドバイザリー組織であるセキュリティ監督委員会の助言等も踏まえ，継続的なシステムの運営・監視や，万一サイバー攻撃等のセキュリティリスクが顕在化するなどの非常時が発生した場合でも早期対処・復旧できる体制の構築等，PDCA サイクルに基づく情報セキュリティ体制の維持および強化を図っております。

## 3　事業等のリスク

　当社グループは，今後想定し得る様々な危機の未然防止や不測の事態が発生した場合などに備え，適正な対応を図ることにより被害，損失や信頼失墜を最小限に食い止めるため，「危機管理規程」等により組織横断的なリスク管理体制が機能するよう努めております。有価証券報告書に記載した事業の状況，経理の状況等に関する事項のうち，当社経営者が連結会社の財政状態，経営成績及びキャッシュ・フローの状況に重要な影響を与える可能性があると認識している主要なリスクは，以下のとおりであります。因みに，新型コロナウイルス感染症の拡大による各事業への影響は正負の両面が考えられますが，当社グループにおける経営成績，株価および財務状況等に与える影響は小さいと判断しております。

　なお，当該リスクが顕在化した場合に当社グループの財政状態，経営成績及びキャッシュ・フローの状況に与える影響につきまして，合理的に予見することが困難であるため記載しておりません。

　また，文中の将来に関する事項は，当連結会計年度末現在において当社グループが判断したものであります。

## （1） デジタルコンテンツ事業に関するリスク ·····································

### ① 開発費の高騰化

　家庭用ゲーム機等は新技術の登場や機器の性能向上に伴い，高機能化，多機能化しており開発費が高騰する傾向にあります。したがいまして，販売計画未達等の一部のタイトルにつきましては，開発資金を回収できない可能性があります。

　対応策として，自社開発エンジンの構築，開発人員の増強と効率的配置により，クオリティの向上と開発の効率化を両立させ，開発費の抑制に注力しております。

### ② ゲームソフトの陳腐化について

　嗜好品であるゲームソフトは，顧客層が重なる他業種との競争も激しく，他の娯楽へユーザーの志向が強くなることにより，ゲームソフトに対する購買動向が影響を受ける傾向にあります。また，パッケージの商品寿命は必ずしも長くはありません。このため，陳腐化が早く，商品在庫の増加や開発資金を回収できない可能性があります。

　対応策として，デジタル販売の強化による商品在庫の縮減を図るとともに，過去作のリメイクや派生作品の投入により有力IPを継続的に活用し，長期的な収益確保に努めております。

### ③ 人気シリーズへの依存について

　当社グループは多数のゲームソフトを投入しておりますが，一部のタイトルに人気が集中する傾向があります。シリーズ作品は売上の振幅が少なく，業績の安定化には寄与しますものの，これらの人気ソフトに不具合が生じたり市場環境の変化によっては，ユーザー離れが起きる恐れがあり，当社グループの事業戦略ならびに業績および財務状況に悪影響を及ぼす可能性があります。

　対応策として，主力IPを活用した大型タイトルの安定的な投入と新規IPの創出に加え，グローバルにさらなるブランド価値の向上とユーザーニーズの把握に努め，ユーザー数の拡大による収益向上を図っております。

### ④ 暴力シーン等の描写について

　当社グループの人気ゲームソフトの中には，一部暴力シーンやグロテスクな場面など，刺激的な描写が含まれているものがあります。このため，少年犯罪が起きた場合は往々にして，一部のマスコミなどからゲームとの関連性や影響を指摘

されるほか，誹謗中傷や行政機関に販売を規制される恐れがあります。この結果，当社グループの業績および財務状況に悪影響を及ぼす可能性があります。

対応策として，ゲームソフトの年齢別レーティング制度のルール遵守や，出前授業や企業訪問受け入れによる児童，生徒，学校関係者や保護者への啓蒙に努めております。

⑤　季節要因による変動

ゲームソフトの販売は，年末年始のクリスマスシーズンから正月にかけて最大の需要期を迎えます。したがって，ゲームの需給動向は年間を通じて大きく変動し，四半期ごとに業績が振れる可能性があります。

対応策として，デジタル販売の強化と機動的な価格施策により，ゲームソフトの長期販売と収益の安定化に努めております。

⑥　家庭用ゲーム機等のプラットフォームの普及動向について

当社グループの家庭用ゲームソフトは，主に株式会社ソニー・インタラクティブエンタテインメント，任天堂株式会社および米国のマイクロソフト社の各ゲーム機のほか，米国のバルブ社のゲーム配信サービスなどに供給しておりますが，これらの普及動向やゲーム機，配信サービスに不具合が生じた場合，当社グループの事業戦略ならびに業績および財務状況に悪影響を及ぼす可能性があります。

対応策として，各プラットフォーム市場の調査・分析による将来の見通しの予測に加え，マルチプラットフォーム展開により収益リスクを分散しております。

⑦　家庭用ゲーム機会社等との許諾契約について

当社グループは，家庭用ゲームソフトを現行の各ゲーム機および PC に供給するマルチプラットフォーム展開を行っております。このため，競合会社でもある株式会社ソニー・インタラクティブエンタテインメント，任天堂株式会社および米国のマイクロソフト社からゲームソフトの製造，販売等に関する許諾のほか，米国のバルブ社からゲームソフトの販売，配信の許諾を得ておりますが，契約の変更や新たな契約内容によっては，当社グループの開発戦略ならびに業績および財務状況に悪影響を及ぼす可能性があります。

対応策として，マルチプラットフォーム展開への注力に加え，グローバルにユーザー数の拡大を図り，収益向上に努めております。

---

## ⑧　家庭用ゲーム機の更新について

　家庭用ゲーム機は過去，3〜7年のサイクルで新型機が出ておりますが，ハードの移行期において，ユーザーは新作ソフトを買い控える傾向があります。このため，端境期は販売の伸び悩みなどにより当社グループの業績および財務状況に悪影響を及ぼす可能性があります。

　対応策として，デジタル比率向上によるゲーム販売期間の長期化，リピート販売の強化と柔軟な価格施策による販売数の増加を図っております。

## ⑨　モバイルゲーム市場について

　スマートフォン等のモバイル端末の普及に伴い，ゲーム市場は拡大しておりますが，新技術への対応が遅れたときは，コンテンツの円滑な供給ができなくなる場合があります。また，課金システムによっては社会問題化し，行政による規制強化を招く恐れがあります。加えて，娯楽の分散化や消費ニーズの多様化などにより，ゲームユーザーが減少した場合は，当社グループの業績および財務状況に悪影響を及ぼす可能性があります。

　対応策として，ゲーム内課金を煽らないマネタイズにより，人気IPを活用したゲームの供給および新たなユーザー層の獲得に努めております。

## (2)　その他の事業に関するリスク ·······························

### ①　アミューズメント施設事業

　設置機種の人気の有無，娯楽の多様化，少子化問題，競争の激化や市場環境の変化などにより，当社グループの業績および財務状況に悪影響を及ぼす可能性があります。

　対応策として，スポーツとエンターテインメントを融合した体験型アミューズメント施設やキャラクターグッズ販売など新業態の展開に加え，オリジナルVRコーナーやキッズコーナーの設置，イベント開催により，新規ファン層の獲得と認知度向上に努めております。

### ②　アミューズメント機器事業

　パチスロ機の販売については，「風俗営業等の規制及び業務の適正化等に関する法律」に基づき，一般財団法人保安通信協会の型式試験に合格した機種だけが

---

### (point) 生産及び販売の状況

　生産高よりも販売高の金額の方が大きい場合は，作った分よりも売れていることを意味するので，景気が良い，あるいは会社のビジネスがうまくいっていると言えるケースが多い。逆に販売額の方が小さい場合は製品が売れなく，在庫が増えて景気が悪くなっていると言える場合がある。

販売を許可されるため，この動向によっては売上が大きく左右される場合があります。この結果，当社グループの業績および財務状況に悪影響を及ぼす可能性があります。

　対応策として，日本電動式遊技機工業協同組合への加盟により，規制当局の動向の把握と規制の変化に即応する体制の構築に努めております。

## (3)　海外事業について

① 　海外販売国における市場動向，競合会社の存在，政治，経済，法律，文化，宗教，習慣や為替その他の様々なカントリーリスクや人材の確保などにおいて，当社グループの事業戦略ならびに業績および財務状況に悪影響を及ぼす可能性があります。

　対応策として，海外子会社や販社との情報共有を密にし，各国の市場動向把握と，現地のニーズに対応した販売展開を行っております。また，社内の専門チームによる，カントリーリスクに配慮したローカライズを実施しております。

② 　海外取引の拡大に伴い，税率，関税などの監督当局による法令の解釈，規制などにより損失や費用負担が増大する恐れがあり，当社グループの業績および財務状況に悪影響を及ぼす可能性があります。

　対応策として，海外子会社や販社と連携し，法令の遵守に努めております。

③ 　フィジビリティー・スタディーで予見できない不測の事態が発生した場合には，経費の増加や海外投資を回収できず当社グループの業績および財務状況に悪影響を及ぼす可能性があります。

## (4)　財政状態および経営成績に関するリスク

① 　当社グループの主要な事業である家庭用ゲームソフトは，ダウンロード版が伸長しているものの，商品寿命が短いものもあり，陳腐化が早く，棚卸資産の増加を招く恐れがあり，これらの処分により当社グループの業績および財務状況に悪影響を及ぼす可能性があります。

② 　当業界は年間を通じて市場環境が変化する場合があるため，四半期ごとに業績が大きく変動する蓋然性があります。また，売上高の減少や経営戦略の変更

---

_point_ **対処すべき課題**

　有報のなかで最も重要であり注目すべき項目。今，事業のなかで何かしら問題があればそれに対してどんな対策があるのか，上手くいっている部分をどう伸ばしていくのかなどの重要なヒントを得ることができる。また今後の成長に向けた技術開発の方向性や，新規事業の戦略についての理解を深めることができる。

などにより当初予定していたキャッシュ・フローを生み出さない場合があり，次期以降の当社グループの業績および財務状況に悪影響を及ぼす可能性があります。

　対応策として，継続的な開発投資等に必要な現預金水準を設定し，適正な資金の確保に努めております。

## （5）　人材の育成と確保

　ゲーム業界は相対的に従業員の流動性が高く，優秀な人材が多数退職したり，競合他社等に流出した場合は，事業活動に支障を来たす恐れがあります。この結果，当社グループの業績および財務状況に悪影響を及ぼす可能性があります。

　対応策として，当社グループは，最高人事責任者（CHO）のもと，人事関連組織の強化により，経営層と従業員の直接対話の継続に加え，将来を支える人材の確保と育成や福利厚生制度の拡充などの働く環境の再整備のほか，開発体制を支えるオフィス環境等の拡充に努めております。

## （6）　開発技術のリスク

　家庭用ゲーム機をはじめ，ゲーム機関連の商品は技術革新が速いことから対応の遅れによっては販売機会の損失など当社グループの業績および財務状況に悪影響を及ぼす可能性があります。対応策として，最先端の開発環境と，優秀な開発人材の活用により，常に新技術を活用した開発に注力しております。

## （7）　規制に関わるリスク

　アミューズメント施設事業は，「風俗営業等の規制及び業務の適正化等に関する法律」およびその関連する法令の規制を受けておりますが，今後の法令の改正や制定によっては事業活動の範囲が狭くなったり，監督官庁の事前審査や検査等が厳しくなることも考えられます。この結果，当社グループの事業計画が阻害される恐れがあり，当社グループの業績および財務状況に悪影響を及ぼす可能性があります。

　対応策として，警察や行政からの情報収集に努め，法令の遵守を徹底するとと

もに，安心かつ健全な店舗運営を図っております。

## (8) 知的財産権に関するリスク ··················································

　ゲームソフトやパチスロ機等の開発，販売においては，特許権，商標権，実用新案権，意匠権，著作権等の知的財産権が関係しております。したがいまして，当社グループが知的財産権の取得ができない場合には，ゲームソフトの開発または販売が困難となる蓋然性があります。また，第三者の所有する知的財産権を当社グループが侵害するリスクも否定できません。これらにより，当社グループの業績および財務状況に悪影響を及ぼす可能性があります。

　対応策として，当社グループが保有する権利保護に向けて，各国や地域での知的財産権の管理を行うほか，権利の侵害を防止するため社内での啓発活動に注力しております。

## (9) 訴訟等に関するリスク ··············································

　当社グループは，事業領域の拡大などにより，製造物責任や労務，知的財産権等に関し，訴訟を受ける蓋然性があります。これにより，訴訟の内容および金額によっては，当社グループの業績および財務状況に悪影響を及ぼす可能性があります。

　対応策として，従来からグローバルでの訴訟リスクの低減に向けて，様々な措置を講じております。

## (10) 情報漏洩によるリスク ··············································

　当社グループの想定を超えた技術による不正アクセスやコンピュータウイルス，その他予測不可能な事象などにより，ハードウェア，ソフトウェアおよびデータベース等に支障をきたす可能性があります。その結果，個人情報やゲーム開発情報など機密情報の漏洩が生じた場合には，損害賠償義務の発生や企業イメージの低下，ゲーム開発の中止等を招く恐れがあり，当社グループの業績および財務状況に悪影響を及ぼす可能性があります。

　対応策として，当社グループは，情報が企業活動に与える影響の重要性に鑑み，

---

### (point) 事業等のリスク

　「対処すべき課題」の次に重要な項目。新規参入により長期的に価格競争が激しくなり企業の体力が奪われるようなことがあるため，その事業がどの程度参入障壁が高く安定したビジネスなのかなど考えるきっかけになる。また，規制や法律，訴訟なども企業によっては大きな問題になる可能性があるため，注意深く読む必要がある。

個人情報保護法制への対応はもちろんのこと，各国で整備が進められる未成年者保護などの法制への対応のほか，国内外の様々なサイバーリスクへの対策が不可欠と認識しており，情報セキュリティ体制の強化に取り組んでおります。

　今後も，外部アドバイザリー組織であるセキュリティ監督委員会の助言等を踏まえ，継続的なシステムの運営・監視や非常時対応の体制維持および強化を図ってまいります。

### （11）　不測の事態の発生によるリスク

　台風，地震，津波等の自然災害や疾病，パンデミックの発生，蔓延等による社会不安，金融，資本市場等の混乱による経済危機，暴動，テロ等による政治の混迷など，国内外において不測の事態が発生した場合は，当社グループの業績および財務状況に悪影響を及ぼす可能性があります。

　対応策として，「危機管理規程」等の整備や組織横断的なリスク管理体制の構築により，危機の未然防止や不測の事態が発生した場合における影響の極小化に努めております。

## 4　経営者による財政状態，経営成績及びキャッシュ・フローの状況の分析

### （1）　経営成績等の状況の概要

　当連結会計年度における当社グループの財政状態，経営成績及びキャッシュ・フロー（以下，「経営成績等」という。）の状況の概要は次のとおりであります。

### ①　経営成績の状況

　当連結会計年度におきましては，進化と拡大を続けるグローバル市場に対応するため，デジタル販売の強化を主軸とした成長投資を積極的に推し進めました。また，安定的，持続的な成長のため，経営上の優先課題である人材投資戦略について，最高人事責任者（CHO）を新設し，人事関連組織の再編や職場環境のさらなる改善等を実施しました。加えて，報酬制度の改定により，当社正社員の平均基本年収を30％増額するとともに，自己株式400万株を原資として，当社の国内すべての正社員に株式報酬制度を導入するなどの具体的な施策を実施し，企業価値の向上を図ってまいりました。

このような経営方針のもと，中核事業であるデジタルコンテンツ事業において，主力シリーズの大型タイトルの投入や，デジタル販売を通じたリピートタイトルの積極的な販売推進により，グローバルに販売本数の増加を図りました。これにより，当連結会計年度におけるデジタルコンテンツ事業の販売本数は，4,170万本と前期3,260万本を上回り，当社コンテンツの価値向上に大きく寄与しました。さらに，これらの主力コンテンツと映像作品やライセンス商品，eスポーツとの連携を強化し，IPの持つブランド力のさらなる向上を図りました。また，アミューズメント施設事業における効率的な店舗運営や新業態店舗の推進，アミューズメント機器事業における当社人気IP活用等による販売拡大などの施策が，収益の向上に貢献しました。

　この結果，売上高は1,259億30百万円（前期比14.4％増），営業利益は508億12百万円（前期比18.4％増），経常利益は513億69百万円（前期比15.9％増），親会社株主に帰属する当期純利益は367億37百万円（前期比12.9％増）となり，10期連続の営業増益を達成しました。

　セグメントごとの経営成績は，次のとおりであります。

**（デジタルコンテンツ事業）**

　当事業におきましては，昨年6月に発売した『モンスターハンターライズ：サンブレイク』（Nintendo Switch，パソコン用）が，より軽快に進化したアクション等によりグローバルに高い評価を得るとともに，無料タイトルアップデート等の継続した施策により安定した人気を集めました。その結果，545万本を販売し業績に大きく貢献しました。

　また，今年3月に発売した『バイオハザード RE:4』（プレイステーション5，プレイステーション4，Xbox Series X¦S，パソコン用）も，原作ストーリーの再構成や最新のグラフィック技術により，引き続きグローバルに好評を博しました。この結果，375万本を販売し収益向上に大きく寄与しました。

　さらに，リピートタイトルにおいては，積極的なプロモーションによる IPの認知拡大と新たなファン層の獲得に加え，新作の継続的な投入および価格施策との相乗効果等により，『モンスターハンターライズ』や『モンスターハンター：ワー

ルド』，『デビルメイクライ5』，『バイオハザードヴィレッジ』など，シリーズタイトルを中心として販売が拡大しました。その結果，リピートタイトルの販売本数が2,930万本と前期2,400万本を上回り，収益を押し上げました。

この結果，売上高は981億58百万円（前期比12.1％増），営業利益は535億4百万円（前期比18.0％増）となりました。

**（アミューズメント施設事業）**

当事業におきましては，新型コロナウイルス感染症のまん延防止等重点措置が，昨年3月に全面解除されたことによる来店客数の回復に加え，既存店の効率的な店舗運営や新業態での出店効果などにより収益拡大を図り，前期比で増収増益となりました。

当期において，10月にクレイジーバネットをはじめとした総合アミューズメント施設の「MIRAINO イオンモール土岐店」（岐阜県）を出店したほか，11月に当社人気キャラクターグッズの物販店にカフェを併設した「カプコンストア＆カフェ ウメダ」（大阪府）や今年3月に「MIRAINO イオンモール豊川店」（愛知県）などをオープンしました。施設数は，スクラップ・アンド・ビルドによる施設展開と地域密着型の店舗戦略に努めたことにより，合計5店舗を出店するとともに2店舗を閉鎖し，45店舗となりました。

この結果，売上高は156億9百万円（前期比25.8％増），営業利益は12億27百万円（前期比88.0％増）となりました。

**（アミューズメント機器事業）**

当事業におきましては，市場に一部好転の兆しが見え始めた環境下，昨年8月発売の『新鬼武者2』の販売台数が15千台となったほか，9月発売の『バイオハザード RE:2』も同15千台，今年1月発売の『モンスターハンターワールド：アイスボーン』が同12千台となり，各機種が収益に大きく貢献するとともに，市場から高評価を獲得し好調に稼働しました。その結果，当期5機種の販売台数は44千台となりました。

この結果，取引形態の多様化を図ったことなどにより，売上高は78億1百万円（前期比35.7％増），営業利益は34億33百万円（前期比46.2％増）となりました。

**（その他事業）**

　その他事業につきましては，映像ビジネスにおいて当社タイトルのブランド価値向上に向け，引き続き主力IPを活用した映像化を推進するため，米国に映像子会社を設立するとともに，「ストリートファイター」の実写映画化等の契約を締結したほか，ライセンスビジネスでは新規タイトルや人気タイトルのキャラクターグッズ展開などに注力しました。

　他方，eスポーツビジネスにおいては，グローバル規模でのユーザー層の裾野拡大に向けた施策を推し進め，世界各地で開催するオンライン大会「CAPCOM Pro Tour2022」や同大会の新カテゴリー「ワールドウォリアー」を実施したほか，「ストリートファイターリーグ：Pro-JP2022」，「CAPCOM CUP IX」および「ストリートファイターリーグ：ワールドチャンピオンシップ2022」を開催するなど，各大会の振興を図るとともに，今年6月発売予定の『ストリートファイター6』のプロモーション展開を推進しました。

　この結果，eスポーツ等への先行投資などにより，売上高は43億60百万円（前期比0.1％減），営業利益は14億33百万円（前期比5.5％減）となりました。

**②　財政状態の状況**

　当連結会計年度末における資産につきましては，前連結会計年度末に比べ299億99百万円増加し，2,173億65百万円となりました。主な増加は，「売掛金」175億76百万円，「ゲームソフト仕掛品」73億17百万円および「土地」37億17百万円によるものであります。

　負債につきましては，前連結会計年度末に比べ153億46百万円増加し，562億36百万円となりました。主な増加は，「未払法人税等」61億34百万円，「短期借入金」35億91百万円および「1年内返済予定の長期借入金」30億円によるものであります。

　純資産につきましては，前連結会計年度末に比べ146億53百万円増加し，1,611億29百万円となりました。主な増加は，「親会社株主に帰属する当期純利益」367億37百万円および「為替換算調整勘定」24億42百万円によるものであり，主な減少は，公開買付け等による自己株式の取得136億45百万円および「剰余金の配当」108億79百万円によるものであります。

③ **キャッシュ・フローの状況**

　営業活動によるキャッシュ・フローは，217億89百万円の資金の増加（前連結会計年度は469億47百万円の資金の増加）となりました。

　これは主に，税金等調整前当期純利益511億43百万円等の資金の増加と売上債権の増加額171億55百万円，法人税等の支払額106億98百万円等の資金の減少によるものです。

　投資活動に使用された資金は，76億79百万円（前連結会計年度は74億26百万円）となりました。

　これは主に，定期預金の払戻による収入254億41百万円等の資金の増加と定期預金の預入による支出253億2百万円，有形固定資産の取得による支出71億3百万円，無形固定資産の取得による支出3億12百万円等の資金の減少によるものです。

　財務活動に使用された資金は，224億85百万円（前連結会計年度は99億80百万円）となりました。

　これは主に，短期借入金の純増加額35億91百万円等の資金の増加と自己株式の取得による支出136億45百万円，配当金の支払額108億68百万円，リース債務の返済による支出9億35百万円等の資金の減少によるものです。

④ **生産，受注及び販売の実績**

a. **生産実績**

　当連結会計年度における生産実績をセグメントごとに示すと，次のとおりであります。

| セグメントの名称 | 金額(百万円) | 前期比(%) |
|---|---|---|
| デジタルコンテンツ事業 | 27,592 | 139.1 |
| アミューズメント機器事業 | 2,791 | 108.8 |
| 合計 | 30,383 | 135.6 |

（注）1.　上記の金額は，製造原価により算出しております。

　　　2.　上記の金額は，ゲームソフト開発費を含んでおります。

b. **受注実績**

　当社グループは受注生産を行っておりません。

### c. 販売実績

当連結会計年度における販売実績をセグメントごとに示すと，次のとおりであります。

| セグメントの名称 | 金額(百万円) | 前期比(%) |
|---|---|---|
| デジタルコンテンツ事業 | 98,158 | 112.1 |
| アミューズメント施設事業 | 15,609 | 125.8 |
| アミューズメント機器事業 | 7,801 | 135.7 |
| その他 | 4,360 | 99.9 |
| 合計 | 125,930 | 114.4 |

(注) 主な相手先別の販売実績および当該販売実績の総販売実績に対する割合

| 相手先 | 前連結会計年度 | | 当連結会計年度 | |
|---|---|---|---|---|
| | 販売高(百万円) | 割合(%) | 販売高(百万円) | 割合(%) |
| 任天堂株式会社 | 12,250 | 11.1 | 16,349 | 13.0 |
| Valve Corporation | 17,221 | 15.6 | 22,842 | 18.1 |

## (2) 経営者の視点による経営成績等の状況に関する分析・検討内容 ……………

当社グループの経営成績等の状況に関する認識および分析・検討内容は次のとおりであります。なお，文中の将来に関する事項は，当社グループの当連結会計年度末現在の事業および経営環境に基づいて判断したものであります。

### ① 重要な会計上の見積りおよび当該見積りに用いた仮定

当社グループの連結財務諸表は，わが国において一般に公正妥当と認められている会計基準に基づき作成しております。この連結財務諸表の作成にあたって，資産，負債，収益および費用の報告額に影響を及ぼす見積りおよび仮定を用いておりますが，これらの見積りおよび仮定に基づく数値は実際の結果と異なりうる可能性があります。

連結財務諸表の作成に当たって用いた会計上の見積りおよび仮定のうち，重要なものは以下のとおりであります。

### (無償ダウンロードコンテンツの収益認識) および (ゲームソフト仕掛品の評価)

「第5経理の状況1連結財務諸表等 (1) 連結財務諸表注記事項 (重要な会計上の見積り)」に記載のとおりであります。

**（退職給付に係る負債）**

　従業員の退職給付費用については，各連結会計年度末における退職給付債務の見込額に基づき引当計上しており，退職率，割引率，昇給率，死亡率等の重要な前提条件を見積りに加味して計上しております。これらの条件が変更される場合，将来の退職給付費用に影響を及ぼす可能性があります。

**（繰延税金資産）**

　当社グループは，将来の収益計画に基づいた課税所得が十分に確保できる可能性や，回収可能性があると判断した将来減算一時差異に基づいて，繰延税金資産を計上しております。繰延税金資産の回収可能性は将来の課税所得の見積りに依拠するため，その見積りの前提とした条件や仮定に著しい変更が生じた場合，繰延税金資産を見直し，その影響額を法人税等調整額に計上する可能性があります。

**（固定資産の減損処理）**

　当社グループは，固定資産のうち減損の兆候がある資産または資産グループについて，当該資産または資産グループから得られる割引前将来キャッシュ・フローの総額が帳簿価額を下回る場合には，帳簿価額を回収可能価額まで減額し，当該減少額を減損損失として計上しております。減損の兆候の把握，減損損失の認識および測定に当たっては慎重に検討しておりますが，当社グループの事業計画や市場環境の変化により，その見積りの前提とした条件や仮定に著しい変更が生じた場合，減損処理が必要となる可能性があります。

② **当連結会計年度の経営成績等の状況に関する認識および分析・検討内容**

　当連結会計年度の当社グループ事業全体および各セグメントの事業の概況につきましては，「(1) 経営成績等の状況の概要」をご参照ください。

　当連結会計年度末における自己資本比率は74.1％（前期から4.1ポイントの減少）となり，ROE（自己資本利益率）は23.9％（前期から0.5ポイントの減少）となりました。当社グループは，資本効率の観点からROE向上による企業価値の増大に努めており，当連結会計年度は公開買付け等による自己株式の取得や株式付与 ESOP信託の導入を行ったものの，中核事業であるデジタルコンテンツ事業において，主力シリーズの大型タイトルの投入や，採算性の高いリピートタイトル販売が続伸したことにより，ROEを安定的に維持させることができました。

なお，当期アミューズメント施設事業において，新型コロナウイルス感染症拡大に伴う影響により集客が下がったことに起因し，一部店舗の資産の減損を行いましたが，事業環境への影響は今後収束していくものと考えております。翌連結会計年度に与える影響を含め，当社グループの経営成績に重要な影響を与える要因につきましては，「3事業等のリスク」をご参照ください。

③　経営方針・経営戦略または経営上の目標の達成状況を判断するための客観的な指標

　当社グループは経営における重要な指標として，企業の稼ぐ力の基本となる「営業利益」（成長指標）と収益性の基本である「営業利益率」（効率性指標）そして「キャッシュ・フロー」を重視しております。

　当社グループの営業利益および営業利益率のこれまでの推移は次のとおりであり，営業利益の持続的な増加および営業利益率向上による効率性の改善に努めております。

| | 2019年3月 | 2020年3月 | 前期比(%) | 2021年3月 | 前期比(%) | 2022年3月 | 前期比(%) | 2023年3月 | 前期比(%) |
|---|---|---|---|---|---|---|---|---|---|
| 売上高　（百万円） | 100,031 | 81,591 | △18.4 | 95,308 | 16.8 | 110,054 | 15.5 | 125,930 | 14.4 |
| 営業利益（百万円） | 18,144 | 22,827 | 25.8 | 34,596 | 51.6 | 42,909 | 24.0 | 50,812 | 18.4 |
| 営業利益率（%） | 18.1 | 28.0 | — | 36.3 | — | 39.0 | — | 40.3 | — |

　キャッシュ・フローにつきましては，当社グループは，預金残高から有利子負債を控除したネット・キャッシュ残高を重視しており，当連結会計年度末の残高は942億73百万円（前連結会計年度末より81億11百万円減）となりました。当社グループは，手元流動性の拡大による財務健全性の向上を図り，経営の安定性を高めるように努力しております。

　当社グループは，これらの指標を改善することにより，ROE（自己資本利益率）など関連する指標も向上し，株主価値を創出することになるものと考えております。当社グループのROEの推移につきましては，「第1企業の概況1主要な経営指標等の推移（1）連結経営指標等」をご参照ください。

　当社グループは，また，成長を継続するための必要な投資を行い，企業価値の向上に努め，株主への安定的な配当による利益還元の実施を目的とし，配当性向を最も重要な経営指標の一つと考えております。その基本方針を連結配当性向30％とし，かつ安定配当の継続に努めております。当連結会計年度におきまして

も連結配当性向は36.1％と安定配当を継続して行っております。

| | 2019年3月 | 2020年3月 | 2021年3月 | 2022年3月 | 2023年3月 |
|---|---|---|---|---|---|
| 連結配当性向(%) | 30.3 | 30.1 | 30.4 | 30.2 | 36.1 |

　なお，必要に応じた機動的な自己株式の取得を実施することにより，当社グループの1株当たりの利益を高めることで株式の価値を高め，株主への還元に資することも重要な施策の一つとして考えております。

　上記施策により，当期の株主総利回りは428.0％と，比較指標である配当込みTOPIXの131.8％を大幅に上回っております。当社のこれまでの株主総利回りの推移は，「第1企業の概況1主要な経営指標等の推移 (2) 提出会社の経営指標等」をご参照ください。

④　資本の財源および資金の流動性

　当社は中長期的に安定した成長を遂げるため，オリジナルコンテンツを生み出す源泉となるデジタルコンテンツ事業への十分な投資額を確保することが必要不可欠であると認識しております。具体的には，コンテンツ充実によるタイトルラインナップの拡充や新たな技術に対応するため，開発者の増員や開発環境の整備への投資が必要であります。当連結会計年度における研究開発投資額および設備投資額を合わせた合計469億12百万円の79.5％に相当する372億99百万円を，デジタルコンテンツ事業に投資しております。なお，ゲームコンテンツの研究開発投資につきましては，「6研究開発活動」に記載のとおりであります。

　ゲームコンテンツの開発費用は，高性能かつ多機能な家庭用ゲーム機の登場に伴い増加傾向にあります。また，主力タイトルのゲームコンテンツ開発期間は2年以上を要することに加え，発売後の定期的なゲームコンテンツのバージョンアップおよびネットワークインフラの維持に継続的な投資が発生するため，相応の現預金を保有しておく必要があります。

　当社は，財務基盤を強化するとともに成長のための投資資金の確保を実現するため，投資計画とリスク対応の留保分を考慮したうえで，保有しておくべき現預金水準を3年分の開発費用を目途に設定し，適正レンジの維持に努めてまいります。また，事業環境の変化や事業拡大に伴う設備投資が発生した場合には，適切な資金調達を行います。

　なお，配当を含めました当連結会計年度の資金流動につきましては，「(1) 経

営成績等の状況の概要③キャッシュ・フローの状況」をご参照ください。このような状況下，当連結会計年度末の現金及び現金同等物の期末残高は61億65百万円減少し894億70百万円となりました。


## ■ 設備の状況

### 1 設備投資等の概要

　当社グループは，「経営資源の選択と集中」を基本戦略として，当連結会計年度は，グループ全体で9,192百万円の設備投資を実施しました。

　セグメントごとの設備投資について示すと，次のとおりであります。

#### （1）　デジタルコンテンツ事業 ·····························

　当連結会計年度の主な設備投資は，家庭用ゲームの開発機材投資を中心に1,929百万円の投資を実施しました。


#### （2）　アミューズメント施設事業 ·····························

　当連結会計年度の主な設備投資は，アミューズメント施設機器への投資を中心に2,233百万円の投資を実施しました。


#### （3）　アミューズメント機器事業 ·····························

　当連結会計年度の主な設備投資は，開発機材や検査機器投資を中心に48百万円の投資を実施しました。


#### （4）　その他事業 ·····························

　当連結会計年度の主な設備投資は，ライセンス商品製造用器具を中心に30百万円の投資を実施しました。


#### （5）　全社 ·····························

　当連結会計年度の主な設備投資は，事業用地取得等を中心に4,949百万円の

投資を実施しました。

　なお，重要な設備の除却または売却はありません。

## 2　主要な設備の状況

### （1）　提出会社 ·······································································

| 事業所名<br>（所在地） | セグメント<br>の名称 | 設備の内容 | 帳簿価額（百万円） | | | | | | 従業員数<br>（名） |
|---|---|---|---|---|---|---|---|---|---|
| | | | 建物及び構築物 | 機械装置及び運搬具 | 土地（面積㎡） | リース資産 | その他 | 合計 | |
| カプコサーカス新潟東店<br>（新潟県新潟市東区）<br>ほか44ヵ所 | アミューズメント施設 | 店舗施設設備 | 3 | — | — | 356 | 3,034 | 3,395 | 151 |
| 本社ビル<br>（大阪市中央区）<br>ほか1ヵ所 | 全社 | その他設備 | 1,889 | 13 | 4,480（2,035） | 2 | 920 | 7,306 | 248 |
| 研究開発ビル<br>（大阪市中央区）<br>ほか1ヵ所 | デジタルコンテンツ | 開発設備 | 6,356 | 0 | 2,191（3,202） | 902 | 1,027 | 10,477 | 1,630 |
| 上野事業所<br>（三重県伊賀市）<br> | アミューズメント機器 | 製造設備 | 375 | 0 | 1,382（82,661） | 28 | 40 | 1,826 | 8 |
| 西宮寮<br>（兵庫県西宮市）<br>ほか8ヵ所 | 全社 | その他設備 | 926 | 5 | 899（7,564） | 29 | 5 | 1,866 | — |

### （2）　在外子会社 ·······································································

| 会社名 | 事業所名<br>（所在地） | セグメント<br>の名称 | 設備の内容 | 帳簿価額（百万円） | | | | | | 従業員数<br>（名） |
|---|---|---|---|---|---|---|---|---|---|---|
| | | | | 建物及び構築物 | 機械装置及び運搬具 | 土地（面積㎡） | リース資産 | その他 | 合計 | |
| CAPCOM U.S.A., INC. | 本社オフィス<br>（米国カリフォルニア州） | デジタルコンテンツ | その他設備 | 208 | — | — | | 1,816 | 2,025 | 81 |

（注）　帳簿価額のうち「その他」は，「工具，器具及び備品」，「アミューズメント施設機器」，「使用権資産」
　　　および「建設仮勘定」の合計であります。

## 3 設備の新設, 除却等の計画

当連結会計年度末現在における設備投資計画（新設・拡充）は, 次のとおりであります。

| セグメントの名称 | 投資予定金額<br>（百万円） | 設備等の主な内容・目的 | 資金調達方法 |
|---|---|---|---|
| デジタルコンテンツ事業 | 1,640 | 開発機材等 | 自己資金 |
| アミューズメント施設事業 | 2,631 | アミューズメント施設機器等 | 自己資金 |
| アミューズメント機器事業 | 245 | 開発機材等 | 自己資金 |
| その他事業 | 88 | ——— | 自己資金 |
| 小計 | 4,604 | ——— | ——— |
| 全社 | 384 | 投資部門および全社的な事務の合理化投資等 | 自己資金 |
| 合計 | 4,988 | ——— | ——— |

# 提出会社の状況

## 1　株式等の状況

### （1）　株式の総数等 ·········································································

#### ①　株式の総数

| 種類 | 発行可能株式総数(株) |
|---|---|
| 普通株式 | 600,000,000 |
| 計 | 600,000,000 |

#### ②　発行済株式

| 種類 | 事業年度末現在<br>発行数(株)<br>(2023年3月31日) | 提出日現在<br>発行数(株)<br>(2023年6月21日) | 上場金融商品取引所<br>名又は登録認可金融<br>商品取引業協会名 | 内容 |
|---|---|---|---|---|
| 普通株式 | 266,505,623 | 266,505,623 | 東京証券取引所<br>プライム市場 | 完全議決権株式であり、権利<br>内容に何ら限定のない当社に<br>おける標準となる株式。<br>単元株式数は100株でありま<br>す。 |
| 計 | 266,505,623 | 266,505,623 | － | － |

## ■ 経理の状況

**1　連結財務諸表及び財務諸表の作成方法について** ……………………

(1)　当社の連結財務諸表は，「連結財務諸表の用語，様式及び作成方法に関する規則」（昭和51年大蔵省令第28号）に基づいて作成しております。

(2)　当社の財務諸表は，「財務諸表等の用語，様式及び作成方法に関する規則」（昭和38年大蔵省令第59号。以下「財務諸表等規則」という。）に基づいて作成しております。

　　また，当社は，特例財務諸表提出会社に該当し，財務諸表等規則第127条の規定により財務諸表を作成しております。

**2　監査証明について** …………………………………………………………

　当社は，金融商品取引法第193条の2第1項の規定に基づき，連結会計年度（2022年4月1日から2023年3月31日まで）の連結財務諸表および事業年度（2022年4月1日から2023年3月31日まで）の財務諸表について，有限責任あずさ監査法人により監査を受けております。

**3　連結財務諸表等の適正性を確保するための特段の取組みについて** …………

　当社は，連結財務諸表等の適正性を確保するための特段の取組みを行っております。具体的には，会計基準等の内容を適切に把握し，会計基準等の変更について的確に対応することができる体制を整備するため，公益財団法人財務会計基準機構へ加入し，開示書類作成等のセミナーに定期的に参加しております。

## 1 連結財務諸表等

### （1） 連結財務諸表 ·········································

### ① 連結貸借対照表

（単位：百万円）

| | 前連結会計年度<br>（2022年3月31日） | 当連結会計年度<br>（2023年3月31日） |
|---|---|---|
| **資産の部** | | |
| **流動資産** | | |
| 現金及び預金 | 107,262 | 102,116 |
| 受取手形 | 528 | 116 |
| 売掛金 | 7,404 | 24,981 |
| 商品及び製品 | 1,378 | 1,440 |
| 仕掛品 | 819 | 1,006 |
| 原材料及び貯蔵品 | 198 | 454 |
| ゲームソフト仕掛品 | 31,192 | 38,510 |
| その他 | 2,536 | 2,776 |
| 貸倒引当金 | △8 | △1 |
| 流動資産合計 | 151,312 | 171,402 |
| **固定資産** | | |
| **有形固定資産** | | |
| 建物及び構築物（純額） | 10,485 | 10,423 |
| 機械装置及び運搬具（純額） | 24 | 21 |
| 工具、器具及び備品（純額） | 1,977 | 1,715 |
| アミューズメント施設機器（純額） | 2,213 | 2,973 |
| 土地 | 5,235 | 8,953 |
| リース資産（純額） | 1,112 | 1,399 |
| 建設仮勘定 | 157 | 475 |
| その他（純額） | － | 1,982 |
| 有形固定資産合計 | ※1 21,206 | ※1 27,945 |
| 無形固定資産 | 1,747 | 1,630 |
| **投資その他の資産** | | |
| 投資有価証券 | 637 | 735 |
| 破産更生債権等 | 12 | 12 |
| 差入保証金 | 4,266 | 4,593 |
| 繰延税金資産 | 7,389 | 9,849 |
| その他 | 819 | 1,219 |
| 貸倒引当金 | △25 | △22 |
| 投資その他の資産合計 | 13,099 | 16,387 |
| 固定資産合計 | 36,053 | 45,963 |
| 資産合計 | 187,365 | 217,365 |

| | 前連結会計年度<br>（2022年3月31日） | 当連結会計年度<br>（2023年3月31日） |
|---|---:|---:|
| **負債の部** | | |
| **流動負債** | | |
| 支払手形及び買掛金 | 2,325 | 3,357 |
| 電子記録債務 | 1,276 | 2,172 |
| 短期借入金 | ※3 — | ※3 3,591 |
| 1年内返済予定の長期借入金 | 626 | 3,626 |
| リース債務 | 501 | 919 |
| 未払法人税等 | 6,010 | 12,145 |
| 賞与引当金 | 4,014 | 5,727 |
| 繰延収益 | 8,932 | 5,455 |
| その他 | ※2 7,055 | ※2 9,048 |
| 流動負債合計 | 30,742 | 46,043 |
| **固定負債** | | |
| 長期借入金 | 4,252 | 626 |
| リース債務 | 718 | 2,992 |
| 繰延税金負債 | 20 | 0 |
| 退職給付に係る負債 | 3,802 | 4,139 |
| 株式給付引当金 | — | 1,018 |
| 資産除去債務 | 718 | 885 |
| その他 | 634 | 529 |
| 固定負債合計 | 10,147 | 10,193 |
| 負債合計 | 40,890 | 56,236 |
| **純資産の部** | | |
| **株主資本** | | |
| 資本金 | 33,239 | 33,239 |
| 資本剰余金 | 21,329 | 30,259 |
| 利益剰余金 | 117,661 | 143,519 |
| 自己株式 | △27,464 | △50,037 |
| 株主資本合計 | 144,765 | 156,979 |
| **その他の包括利益累計額** | | |
| その他有価証券評価差額金 | 100 | 102 |
| 為替換算調整勘定 | 1,889 | 4,332 |
| 退職給付に係る調整累計額 | △279 | △285 |
| その他の包括利益累計額合計 | 1,710 | 4,149 |
| 純資産合計 | 146,475 | 161,129 |
| 負債純資産合計 | 187,365 | 217,365 |

## ② 連結損益計算書及び連結包括利益計算書

### 連結損益計算書

（単位：百万円）

| | 前連結会計年度<br>（自 2021年4月1日<br>至 2022年3月31日） | 当連結会計年度<br>（自 2022年4月1日<br>至 2023年3月31日） |
|---|---|---|
| 売上高 | ※1　110,054 | ※1　125,930 |
| 売上原価 | ※2、※4　48,736 | ※2、※4　52,110 |
| 売上総利益 | 61,317 | 73,819 |
| 販売費及び一般管理費 | ※3、※4　18,408 | ※3、※4　23,006 |
| 営業利益 | 42,909 | 50,812 |
| 営業外収益 | | |
| 　受取利息 | 40 | 396 |
| 　受取配当金 | 20 | 24 |
| 　為替差益 | 716 | 314 |
| 　関係会社整理益 | 761 | ― |
| 　その他 | 320 | 128 |
| 　営業外収益合計 | 1,859 | 864 |
| 営業外費用 | | |
| 　支払利息 | 49 | 44 |
| 　割増退職金 | 197 | ― |
| 　訴訟関連費用 | 92 | 71 |
| 　自己株式取得費用 | ― | 25 |
| 　その他 | 101 | 165 |
| 　営業外費用合計 | 439 | 307 |
| 経常利益 | 44,330 | 51,369 |
| 特別損失 | | |
| 　固定資産除売却損 | ※5　8 | ※5　35 |
| 　減損損失 | ― | ※6　190 |
| 　特別損失合計 | 8 | 225 |
| 税金等調整前当期純利益 | 44,322 | 51,143 |
| 法人税、住民税及び事業税 | 10,987 | 16,895 |
| 法人税等調整額 | 780 | △2,488 |
| 法人税等合計 | 11,768 | 14,406 |
| 当期純利益 | 32,553 | 36,737 |
| 親会社株主に帰属する当期純利益 | 32,553 | 36,737 |

## 連結包括利益計算書

（単位：百万円）

| | 前連結会計年度<br>（自 2021年4月1日<br>至 2022年3月31日） | 当連結会計年度<br>（自 2022年4月1日<br>至 2023年3月31日） |
|---|---|---|
| 当期純利益 | 32,553 | 36,737 |
| その他の包括利益 | | |
| その他有価証券評価差額金 | 43 | 1 |
| 為替換算調整勘定 | 1,900 | 2,442 |
| 退職給付に係る調整額 | △60 | △5 |
| その他の包括利益合計 | ※ 1,883 | ※ 2,439 |
| 包括利益 | 34,437 | 39,176 |
| （内訳） | | |
| 親会社株主に係る包括利益 | 34,437 | 39,176 |
| 非支配株主に係る包括利益 | － | － |

③ 連結株主資本等変動計算書

前連結会計年度（自　2021年4月1日　至　2022年3月31日）

（単位：百万円）

| | 株主資本 | | | | |
|---|---|---|---|---|---|
| | 資本金 | 資本剰余金 | 利益剰余金 | 自己株式 | 株主資本合計 |
| 当期首残高 | 33,239 | 21,329 | 93,861 | △27,461 | 120,967 |
| 当期変動額 | | | | | |
| 剰余金の配当 | | | △8,753 | | △8,753 |
| 親会社株主に帰属する当期純利益 | | | 32,553 | | 32,553 |
| 自己株式の取得 | | | | △2 | △2 |
| 自己株式の処分 | | 0 | | 0 | 0 |
| 株主資本以外の項目の当期変動額（純額） | | | | | |
| 当期変動額合計 | － | 0 | 23,799 | △2 | 23,797 |
| 当期末残高 | 33,239 | 21,329 | 117,661 | △27,464 | 144,765 |

| | その他の包括利益累計額 | | | | 純資産合計 |
|---|---|---|---|---|---|
| | その他有価証券評価差額金 | 為替換算調整勘定 | 退職給付に係る調整累計額 | その他の包括利益累計額合計 | |
| 当期首残高 | 56 | △10 | △219 | △173 | 120,794 |
| 当期変動額 | | | | | |
| 剰余金の配当 | | | | | △8,753 |
| 親会社株主に帰属する当期純利益 | | | | | 32,553 |
| 自己株式の取得 | | | | | △2 |
| 自己株式の処分 | | | | | 0 |
| 株主資本以外の項目の当期変動額（純額） | 43 | 1,900 | △60 | 1,883 | 1,883 |
| 当期変動額合計 | 43 | 1,900 | △60 | 1,883 | 25,681 |
| 当期末残高 | 100 | 1,889 | △279 | 1,710 | 146,475 |

当連結会計年度（自　2022年4月1日　至　2023年3月31日）

（単位：百万円）

| | 株主資本 | | | | |
| --- | --- | --- | --- | --- | --- |
| | 資本金 | 資本剰余金 | 利益剰余金 | 自己株式 | 株主資本合計 |
| 当期首残高 | 33,239 | 21,329 | 117,661 | △27,464 | 144,765 |
| 当期変動額 | | | | | |
| 剰余金の配当 | | | △10,879 | | △10,879 |
| 親会社株主に帰属する当期純利益 | | | 36,737 | | 36,737 |
| 自己株式の取得 | | | | △27,465 | △27,465 |
| 自己株式の処分 | | 11,905 | | 1,915 | 13,821 |
| 自己株式の消却 | | △2,976 | | 2,976 | — |
| 株主資本以外の項目の当期変動額（純額） | | | | | |
| 当期変動額合計 | — | 8,929 | 25,858 | △22,573 | 12,214 |
| 当期末残高 | 33,239 | 30,259 | 143,519 | △50,037 | 156,979 |

| | その他の包括利益累計額 | | | | 純資産合計 |
| --- | --- | --- | --- | --- | --- |
| | その他有価証券評価差額金 | 為替換算調整勘定 | 退職給付に係る調整累計額 | その他の包括利益累計額合計 | |
| 当期首残高 | 100 | 1,889 | △279 | 1,710 | 146,475 |
| 当期変動額 | | | | | |
| 剰余金の配当 | | | | | △10,879 |
| 親会社株主に帰属する当期純利益 | | | | | 36,737 |
| 自己株式の取得 | | | | | △27,465 |
| 自己株式の処分 | | | | | 13,821 |
| 自己株式の消却 | | | | | — |
| 株主資本以外の項目の当期変動額（純額） | 1 | 2,442 | △5 | 2,439 | 2,439 |
| 当期変動額合計 | 1 | 2,442 | △5 | 2,439 | 14,653 |
| 当期末残高 | 102 | 4,332 | △285 | 4,149 | 161,129 |

④ 連結キャッシュ・フロー計算書

（単位：百万円）

| | 前連結会計年度<br>（自 2021年4月1日<br>至 2022年3月31日） | 当連結会計年度<br>（自 2022年4月1日<br>至 2023年3月31日） |
|---|---|---|
| 営業活動によるキャッシュ・フロー | | |
| 税金等調整前当期純利益 | 44,322 | 51,143 |
| 減価償却費 | 3,385 | 3,438 |
| 減損損失 | － | 190 |
| 貸倒引当金の増減額（△は減少） | △36 | △9 |
| 賞与引当金の増減額（△は減少） | △68 | 1,690 |
| 退職給付に係る負債の増減額（△は減少） | 247 | 328 |
| 株式給付引当金の増減額（△は減少） | － | 1,020 |
| 受取利息及び受取配当金 | △61 | △420 |
| 支払利息 | 49 | 44 |
| 為替差損益（△は益） | △265 | △477 |
| 固定資産除売却損益（△は益） | 8 | 35 |
| 売上債権の増減額（△は増加） | 17,208 | △17,155 |
| 棚卸資産の増減額（△は増加） | 1,383 | △500 |
| ゲームソフト仕掛品の増減額（△は増加） | △6,744 | △7,320 |
| 仕入債務の増減額（△は減少） | △180 | 1,869 |
| 繰延収益の増減額（△は減少） | 2,008 | △3,729 |
| その他 | △3,160 | 2,104 |
| 小計 | 58,094 | 32,252 |
| 利息及び配当金の受取額 | 58 | 277 |
| 利息の支払額 | △49 | △41 |
| 法人税等の支払額 | △11,155 | △10,698 |
| 営業活動によるキャッシュ・フロー | 46,947 | 21,789 |
| 投資活動によるキャッシュ・フロー | | |
| 定期預金の預入による支出 | △21,297 | △25,302 |
| 定期預金の払戻による収入 | 17,980 | 25,441 |
| 有形固定資産の取得による支出 | △2,950 | △7,103 |
| 有形固定資産の売却による収入 | 2 | 4 |
| 無形固定資産の取得による支出 | △1,117 | △312 |
| 投資有価証券の取得による支出 | △16 | △17 |
| その他の支出 | △240 | △427 |
| その他の収入 | 213 | 37 |
| 投資活動によるキャッシュ・フロー | △7,426 | △7,679 |
| 財務活動によるキャッシュ・フロー | | |
| 短期借入金の純増減額（△は減少） | － | 3,591 |
| 長期借入金の返済による支出 | △727 | △626 |
| リース債務の返済による支出 | △504 | △935 |
| 自己株式の取得による支出 | △2 | △13,645 |
| 配当金の支払額 | △8,745 | △10,868 |
| 財務活動によるキャッシュ・フロー | △9,980 | △22,485 |
| 現金及び現金同等物に係る換算差額 | 2,050 | 2,209 |
| 現金及び現金同等物の増減額（△は減少） | 31,592 | △6,165 |
| 現金及び現金同等物の期首残高 | 64,043 | 95,635 |
| 現金及び現金同等物の期末残高 | ※ 95,635 | ※ 89,470 |

【注記事項】

(連結財務諸表作成のための基本となる重要な事項)

**1. 連結の範囲に関する事項** ･･････････････････････････････････････････････････

　　連結子会社の数　　12社

　　主要な連結子会社の名称

　　「第1企業の概況4関係会社の状況」に記載しているため省略しております。

CAPCOM PICTURES,INC. については，新規設立に伴い，当連結会計年度より連結子会社に含めております。

**2. 持分法の適用に関する事項** ････････････････････････････････････････････････

　　持分法適用関連会社の数　　1社

　　　STREET FIGHTER FILM,LLC

**3. 会計方針に関する事項** ････････････････････････････････････････････････････

(イ)　重要な資産の評価基準および評価方法

　①　有価証券

　その他有価証券

　　市場価格のない株式等以外のもの

　　　時価法

　　　(評価差額は全部純資産直入法により処理し，売却原価は総平均法により算定)

　　市場価格のない株式等

　　　総平均法に基づく原価法

　②　商品及び製品・仕掛品・原材料及び貯蔵品

　　　主として移動平均法による原価法

　　　(貸借対照表価額は収益性の低下に基づく簿価切下げの方法により算定)

　③　ゲームソフト仕掛品

　　　ゲームソフトの開発費用(コンテンツ部分およびコンテンツと不可分のソフトウェア部分)は，個別法による原価法

（貸借対照表価額は収益性の低下に基づく簿価切下げの方法により算定）

（ロ）　重要な減価償却資産の減価償却の方法
①　有形固定資産（リース資産を除く）
　　建物（建物附属設備を除く）は定額法，建物以外については定率法を採用しております。ただし，2016年4月1日以降に取得した建物附属設備および構築物については定額法を採用し，在外連結子会社については一部の子会社を除き定額法を採用しております。
　　なお，主な耐用年数は次のとおりであります。
　　建物及び構築物　　　　　　3〜50年
　　アミューズメント施設機器　3〜20年
②　無形固定資産（リース資産を除く）
　　定額法を採用しております。
③　リース資産
　　所有権移転外ファイナンス・リース取引については，リース期間を耐用年数とし，残存価額を零とする定額法を採用しております。ただし，リース契約上に残価保証の取決めのある場合においては，当該残価保証額を残存価額としております。

（ハ）　重要な引当金の計上基準
①　貸倒引当金
　　売上債権および貸付金等の貸倒れによる損失に備えるため，一般債権については貸倒実績率により，貸倒懸念債権等特定の債権については個別に回収可能性を検討し，回収不能見込額を計上しております。
②　賞与引当金
　　従業員に対する賞与の支給に充てるため，当連結会計年度末までに支給額が確定していない従業員賞与の支給見込額のうち，当連結会計年度に負担すべき額を計上しております。
③　株式給付引当金

株式報酬規程に基づく従業員への当社株式の交付に備えるため，当連結会計年度末における株式給付債務の見込額に基づき計上しております。

（ニ）　退職給付に係る会計処理の方法
　①　退職給付見込額の期間帰属方法
　　　退職給付債務の算定にあたり，退職給付見込額を当連結会計年度末までの期間に帰属させる方法については，給付算定式基準によっております。
　②　数理計算上の差異の費用処理方法
　　　数理計算上の差異は，各連結会計年度の発生時における従業員の平均残存勤務期間の年数（13～14年）による定額法により按分した額をそれぞれ発生の翌連結会計年度から費用処理することとしております。

（ホ）　重要な収益及び費用の計上基準
　①　主要な事業における主な履行義務の内容及び収益を認識する通常の時点
　a.　デジタルコンテンツ事業
　　　デジタルコンテンツ事業においては，家庭用ゲームおよびモバイルコンテンツの開発・販売を行っております。
　（パッケージ販売とデジタルダウンロード販売について）
　　　通常，当社グループがゲームソフトおよびコンテンツ内で利用するアイテムを顧客に引き渡した時点で，顧客が当該ゲームソフトおよびコンテンツ内で使用するアイテムに対する支配を獲得し，履行義務を充足したと判断できるものは，引き渡し時点で収益を認識しております。
　（無償ダウンロードコンテンツについて）
　　　また，当社グループが顧客に販売したゲームソフトのうち，オンライン機能を有したゲームソフトには，発売日後，大型のアップデートが予定されているものがあります。その中には，顧客が無償でプレイ可能なゲームコンテンツの配信が含まれており，その配信を当社グループは公表し，顧客もその配信を期待しております。当社グループはそのような無償ダウンロードコンテンツ（以下，「無償 DLC」）を，将来において顧客へ配信する

履行義務を有していると考えております。そのため，当社グループは，発売時にプレイ可能な「本編」と，発売日後，大型のアップデート等により追加的に提供される「無償 DLC」を別個の履行義務として識別し，顧客に販売したゲームソフトの取引価格を，独立販売価格に基づき，それぞれに配分しております。その上で，会計期間末日時点において未提供の無償DLCに係る収益を認識しておりません。

　本編および無償 DLC の独立販売価格は直接観察することができないことから，ゲームジャンル，本編およびダウンロードコンテンツの内容，販売方法等の類似性を考慮し選定したゲームソフトの本編と有償ダウンロードコンテンツ等（以下，「有償 DLC 等」）の合計販売価格に占める有償DLC 等の販売価格比率の平均値（以下，「販売価格比率」）を算出し，当社グループが顧客に販売したゲームソフトの販売価格に当該販売価格比率を乗じることにより無償DLCの価格を算定しております。

　当社グループは顧客に無償 DLC を配信し，顧客がそれをプレイ可能な状態とすることにより履行義務が充足されるものと考えております。このため，未提供の無償 DLC は，発売日以降の配信期間にわたり，その配信された事実に基づき収益を認識しております。

（ライセンス取引について）

　また，当社グループが開発し製品化したゲームソフトの著作権者として，顧客とライセンス契約を締結しその配信権や素材の使用権を供与します。これらライセンス供与に係る収益のうち，返還不要の契約金および最低保証料については，ライセンスの供与時点において，顧客が当該ライセンスに対する支配を獲得することで当社グループの履行義務が充足されると判断した場合，一時点で収益を認識しております。

　また，売上高に基づくロイヤリティに係る収益は契約相手先の売上等を算定基礎として測定し，その発生時点を考慮して履行義務の充足を判断し，一時点で収益を認識しております。

　取引の対価は履行義務を充足してからおおよそ3ヵ月以内に受領しており，重要な金融要素は含まれておりません。

b. アミューズメント施設事業

　　アミューズメント施設事業においてはゲーム機器等を設置した店舗の運営をしており，顧客との契約から生じる収益は，ゲーム機器等による商品又はサービスの販売によるものであり，顧客に提供した一時点で収益を認識しております。

　　取引の対価は履行義務を充足してからおおよそ3ヵ月以内に受領しており，重要な金融要素は含まれておりません。

c. アミューズメント機器事業

　　アミューズメント機器事業においては，店舗運営業者等に販売する遊技機等の開発・製造・販売をしております。製品を顧客に引き渡した時点で履行義務を充足したと判断できるものは，一時点で収益を認識しております。

　　取引の対価は履行義務を充足してからおおよそ3ヵ月以内に受領しており，重要な金融要素は含まれておりません。

d. その他事業

　　その他事業においては，キャラクターライセンス事業等を行っております。当社グループが開発し製品化したゲームソフトやキャラクターの著作権者として，顧客とライセンス契約を締結しその商品化権や素材の使用権を供与します。

　　これらライセンス供与に係る収益のうち，返還不要の契約金および最低保証料については，ライセンスの供与時点において，顧客が当該ライセンスに対する支配を獲得することで当社グループの履行義務が充足されると判断した場合，一時点で収益を認識しております。

　　また，売上高に基づくロイヤリティに係る収益は契約相手先の売上等を算定基礎として測定し，その発生時点を考慮して履行義務の充足を判断し，一時点で収益を認識しております。

　　取引の対価は履行義務を充足してからおおよそ3ヵ月以内に受領しており，重要な金融要素は含まれておりません。

②　ゲームソフト制作費

　　ゲームソフトは，一定の仕事を行わせるためのプログラム部分であるソフ

トウェアと，ゲーム内容を含め画像・音声データ等が組み合わされたコンテンツが，高度に組み合わされて制作される特徴を有しております。当社グループは，両者の経済価値は一体不可分として明確に区分できないものと考えており，その経済価値の主要な性格は，コンテンツであると判断しております。

以上のことからゲームソフト制作費については，社内にて製品化を決定した段階からゲームソフト仕掛品に計上し，資産計上された制作費については，見込販売収益に基づき売上原価に計上しております。

（ヘ）　連結キャッシュ・フロー計算書における資金の範囲

手許現金，要求払預金および容易に換金可能であり，かつ，価値の変動について僅少なリスクしか負わない取得日から３ヶ月以内に償還期限の到来する短期投資からなっております。

（ト）　重要なヘッジ会計の方法
　①　ヘッジ会計の方法
　　　繰延ヘッジ処理を採用しております。
　　　なお，振当処理の要件を満たしている場合は振当処理を採用しております。
　②　ヘッジ手段とヘッジ対象
　　　ヘッジ手段為替予約
　　　ヘッジ対象外貨建債権および予定取引
　③　ヘッジ方針
　　　ヘッジ対象にかかわる為替相場変動リスクを回避する目的で行うこととしており，実需に基づくものを対象としております。また，投機目的によるデリバティブ取引は行わないこととしております。
　④　ヘッジ有効性評価の方法
　　　ヘッジ対象の相場変動またはキャッシュ・フロー変動の累計とヘッジ手段の相場変動またはキャッシュ・フロー変動の累計とを比較し，その変動額の比率によって有効性を評価しております。なお，振当処理によっている為替予約については，有効性の評価を省略しております。

（重要な会計上の見積り）

## 1. 無償ダウンロードコンテンツの収益認識 ··············································
### （1） 当連結会計年度の連結財務諸表に計上した金額 ·······························

（単位：百万円）

| | 前連結会計年度 | 当連結会計年度 |
|---|---|---|
| 連結貸借対照表の繰延収益の計上額 | 8,932 | 5,455 |
| 上記のうち、当連結会計年度末日において、未提供の無償ダウンロードコンテンツに係る繰延収益の計上額 | 8,792 | 5,143 |

### （2） 識別した項目に係る重要な会計上の見積りの内容に関する情報 ············
### ① 見積りの算出方法および，② 見積りの算出に用いた主な仮定

　連結財務諸表「注記事項（連結財務諸表作成のための基本となる重要な事項）3.会計方針に関する事項（ホ）重要な収益及び費用の計上基準①主要な事業における主な履行義務の内容及び収益を認識する通常の時点」に記載した内容と同一であります。

### ③ 翌連結会計年度の連結財務諸表に与える影響

　当連結会計年度の連結貸借対照表に計上した金額は，翌連結会計年度の売上高に計上する予定です。

## 2. ゲームソフト仕掛品の評価 ·····························································
### （1） 当連結会計年度の連結財務諸表に計上した金額 ·······························

（単位：百万円）

| | 前連結会計年度 | 当連結会計年度 |
|---|---|---|
| 連結貸借対照表のゲームソフト仕掛品の計上額 | 31,192 | 38,510 |
| 上記のうち、翌連結会計年度の連結財務諸表に重要な影響を及ぼす可能性があると判断したタイトルに係る金額 | 9,048 | 12,623 |

### （2） 識別した項目に係る重要な会計上の見積りの内容に関する情報 ············
### ① 見積りの算出方法

　当社グループは，ゲームソフト仕掛品の貸借対照表価額の評価を，収益性の低

下に基づく簿価切下げの方法により算出しております。

　発売前のタイトルについては，計画販売収益から見積追加開発費用および見積販売直接経費を控除した正味売却価額を合理的に見積もり，ゲームソフト仕掛品の帳簿価額が正味売却価額を上回る場合，その正味売却価額まで簿価切下げを行っております。

　発売後のタイトルについては，販売実績が継続的に計画進捗を著しく下回る場合，または将来の著しい収益悪化が予測される場合に，計画販売収益の見直しを行い，見直し後の計画販売収益から見積追加開発費用および見積販売直接経費を控除した正味売却価額を合理的に見直し，その正味売却価額までゲームソフト仕掛品の簿価切下げを行っております。

② **見積りの算出に用いた主な仮定**

　計画販売収益の見積りの基礎となる販売本数および販売価格は，コンソール市場，ユーザー購買動向等の予測をもとに，前作および類似タイトルの評価，価格戦略，顧客への提供手段等を参考に，経営者が主観的に判断しております。

③ **翌連結会計年度の連結財務諸表に与える影響**

　当社グループは，ゲームソフト仕掛品の評価額を算定するための見積りを判断する主な仮定に用いた基準は合理的なものであると考えておりますが，市場の変化や，予測できない経済およびビジネス上の前提条件の変化によって状況の変化があった場合には，翌連結会計年度のゲームソフト仕掛品の評価額に影響を及ぼす可能性があります。なお，（1）当連結会計年度の連結財務諸表に計上した金額に記載した対象タイトルの安全余裕率（計画販売収益が損益分岐点売上高をどの程度上回っているかを示す指標）は平均約9％（前連結会計年度は平均約28％）のため，それを超えて計画販売収益が下回った場合，収益性の低下に基づく簿価切下げが発生する可能性があります。


（会計方針の変更）

（ASU第2016-02号「リース」の適用）

　米国会計基準を適用している在外子会社において，ASU第2016-02号「リース」（2016年2月25日。以下「ASU第2016-02号」という。）を当連結会計年度の

期首より適用しております。

　ASU第2016-02号の適用により，借手のリースは，原則としてすべてのリースについて資産および負債を認識しております。当該会計基準の適用にあたっては，経過措置として認められている当該会計基準の適用による累積的影響を適用開始日に認識する方法を採用しております。

　この結果，当連結会計年度における連結貸借対照表は，有形固定資産の「その他（純額）」が1,780百万円増加し，流動負債の「リース債務」が231百万円および固定負債の「リース債務」が1,526百万円増加しております。

　なお，この変更による当連結会計年度の損益に与える影響は軽微であります。

（表示方法の変更）

　（連結損益計算書）

　開発部門の利益貢献に応じて分配される変動型の利益配分賞与につきまして，これまで「販売費及び一般管理費」として処理をしておりましたが，当連結会計年度の期首より「売上原価」として表示区分を変更することといたしました。

　この変更は，当連結会計年度における当社の報酬制度の改定に伴い，損益管理区分の見直しを行い，事業の実態をより適切に反映するために実施したものであります。

　当該変更により前連結会計年度の売上原価は1,693百万円増加し，売上総利益，販売費及び一般管理費はそれぞれ同額減少いたしましたが，営業利益に与える影響はありません。

（追加情報）

　（株式付与ESOP信託）

　当社は，2022年6月に，当社正社員（国内非居住者を除く。以下「対象従業員」といいます。）に対し，従業員インセンティブ・プラン「株式付与ESOP信託」（以下「本制度」といいます。）を導入しております。

（1）　取引の概要

　　当社は，当社従業員の業績向上に対する貢献意欲や士気を一層高めることを

目的として，本制度を導入いたしました。

　本制度では，株式付与 ESOP（Employee Stock Ownership Plan）信託（以下「ESOP信託」といいます。）と称される仕組みを採用しました。ESOP信託とは，米国の ESOP 制度を参考にした従業員インセンティブ・プランであり，ESOP 信託が取得した当社株式を，予め定める株式報酬規程に基づき，一定の要件を充足する対象従業員に交付するものです。なお，ESOP信託が取得する当社株式の取得資金は全額当社が拠出するため，対象従業員の負担はありません。

　ESOP信託の導入により，対象従業員は当社株式の株価上昇による経済的な利益を収受することができるため，株価を意識した対象従業員の業務遂行を促すとともに，対象従業員の勤労意欲を高める効果が期待できます。

　また，ESOP信託の信託財産に属する当社株式に係る議決権行使は，受益者候補である対象従業員の意思が反映される仕組みであり，対象従業員の経営参画を促す企業価値向上プランとして有効です。

(2)　信託に残存する自社の株式

　信託に残存する当社株式を，信託における帳簿価額（付随費用の金額を除く。）により，純資産の部に自己株式として計上しております。当該自己株式の帳簿価額および株式数は，当連結会計年度末において，13,818百万円，3,999,460株であります。

## 2 財務諸表等

### （1）財務諸表

#### ① 貸借対照表

（単位：百万円）

| | 前事業年度<br>（2022年3月31日） | 当事業年度<br>（2023年3月31日） |
|---|---|---|
| **資産の部** | | |
| 流動資産 | | |
| 現金及び預金 | 93,908 | 85,610 |
| 売掛金 | ※1 9,175 | ※1 29,218 |
| 商品及び製品 | 1,152 | 1,506 |
| 仕掛品 | 773 | 1,006 |
| 原材料及び貯蔵品 | 174 | 111 |
| ゲームソフト仕掛品 | 31,405 | 38,522 |
| 未収入金 | ※1 925 | ※1 205 |
| その他 | ※1 1,736 | ※1 1,635 |
| 貸倒引当金 | △9 | － |
| 流動資産合計 | 139,243 | 157,817 |
| 固定資産 | | |
| 有形固定資産 | | |
| 建物 | 10,106 | 10,086 |
| 構築物 | 57 | 63 |
| 機械及び装置 | 0 | 0 |
| 車両運搬具 | 22 | 20 |
| 工具、器具及び備品 | 1,915 | 1,664 |
| アミューズメント施設機器 | 2,213 | 2,973 |
| 土地 | 5,235 | 8,953 |
| リース資産 | 867 | 1,399 |
| 建設仮勘定 | 154 | 451 |
| 有形固定資産合計 | 20,572 | 25,612 |
| 無形固定資産 | | |
| のれん | 3,202 | 1,758 |
| ソフトウエア | 1,527 | 1,556 |
| その他 | 181 | 43 |
| 無形固定資産合計 | 4,911 | 3,358 |
| 投資その他の資産 | | |
| 投資有価証券 | 636 | 735 |
| 関係会社株式 | 17,973 | 18,101 |
| その他の関係会社有価証券 | 0 | 0 |
| 破産更生債権等 | 12 | 12 |
| 差入保証金 | 4,235 | 4,560 |
| 繰延税金資産 | 5,651 | 8,929 |
| その他 | 644 | 1,039 |
| 貸倒引当金 | △25 | △22 |
| 投資その他の資産合計 | 29,127 | 33,356 |
| 固定資産合計 | 54,611 | 62,326 |
| 資産合計 | 193,854 | 220,144 |

| | 前事業年度<br>（2022年3月31日） | 当事業年度<br>（2023年3月31日） |
|---|---|---|
| **負債の部** | | |
| 流動負債 | | |
| 支払手形 | 30 | － |
| 電子記録債務 | 1,276 | 2,172 |
| 買掛金 | 1,489 | 1,239 |
| 短期借入金 | ※1、※3 24,795 | ※1、※3 30,902 |
| 1年内返済予定の長期借入金 | 626 | 3,626 |
| リース債務 | 447 | 629 |
| 未払金 | ※1 4,351 | ※1 5,713 |
| 未払費用 | ※1 1,783 | ※1 2,411 |
| 未払法人税等 | 5,722 | 12,063 |
| 未払消費税等 | － | 161 |
| 前受金 | 488 | 2,290 |
| 賞与引当金 | 3,713 | 5,342 |
| 繰延収益 | 5,729 | 4,272 |
| その他 | 1,341 | 283 |
| 流動負債合計 | 51,797 | 71,107 |
| 固定負債 | | |
| 長期借入金 | 4,252 | 626 |
| リース債務 | 525 | 926 |
| 退職給付引当金 | 3,382 | 3,706 |
| 株式給付引当金 | － | 1,018 |
| 資産除去債務 | 718 | 885 |
| その他 | ※1 502 | ※1 474 |
| 固定負債合計 | 9,381 | 7,638 |
| 負債合計 | 61,179 | 78,746 |
| **純資産の部** | | |
| 株主資本 | | |
| 資本金 | 33,239 | 33,239 |
| 資本剰余金 | | |
| 資本準備金 | 13,114 | 13,114 |
| その他資本剰余金 | 8,214 | 17,144 |
| 資本剰余金合計 | 21,329 | 30,259 |
| 利益剰余金 | | |
| その他利益剰余金 | | |
| 繰越利益剰余金 | 105,444 | 127,809 |
| 利益剰余金合計 | 105,444 | 127,809 |
| 自己株式 | △27,464 | △50,037 |
| 株主資本合計 | 132,549 | 141,269 |
| 評価・換算差額等 | | |
| その他有価証券評価差額金 | 126 | 128 |
| 評価・換算差額等合計 | 126 | 128 |
| 純資産合計 | 132,675 | 141,398 |
| 負債純資産合計 | 193,854 | 220,144 |

## ② 損益計算書

（単位：百万円）

| | 前事業年度<br>（自 2021年4月1日<br>至 2022年3月31日） | 当事業年度<br>（自 2022年4月1日<br>至 2023年3月31日） |
|---|---|---|
| 売上高 | ※1　101,628 | ※1　118,524 |
| 売上原価 | ※1　43,706 | ※1　48,337 |
| 売上総利益 | 57,922 | 70,186 |
| 販売費及び一般管理費 | ※1，※2　17,748 | ※1，※2　22,564 |
| 営業利益 | 40,173 | 47,621 |
| 営業外収益 | | |
| 　受取利息 | 36 | 377 |
| 　受取配当金 | ※1　89 | ※1　101 |
| 　為替差益 | 663 | 241 |
| 　関係会社整理益 | ※1　50 | — |
| 　その他 | ※1　322 | ※1　121 |
| 　営業外収益合計 | 1,162 | 842 |
| 営業外費用 | | |
| 　支払利息 | ※1　154 | ※1　907 |
| 　貸倒引当金繰入額 | △0 | △2 |
| 　割増退職金 | 136 | — |
| 　訴訟関連費用 | 92 | 71 |
| 　自己株式取得費用 | — | 25 |
| 　その他 | 88 | 156 |
| 　営業外費用合計 | 471 | 1,158 |
| 経常利益 | 40,864 | 47,305 |
| 特別損失 | | |
| 　固定資産除売却損 | 7 | 35 |
| 　減損損失 | — | ※3　834 |
| 　特別損失合計 | 7 | 869 |
| 税引前当期純利益 | 40,856 | 46,435 |
| 法人税、住民税及び事業税 | 10,570 | 16,534 |
| 法人税等調整額 | 997 | △3,343 |
| 法人税等合計 | 11,567 | 13,191 |
| 当期純利益 | 29,289 | 33,244 |

③ 株主資本等変動計算書

前事業年度（自　2021年4月1日　至　2022年3月31日）

（単位：百万円）

| | 株主資本 | | | | | | | |
| --- | --- | --- | --- | --- | --- | --- | --- | --- |
| | | 資本剰余金 | | | 利益剰余金 | | | |
| | 資本金 | 資本準備金 | その他資本剰余金 | 資本剰余金合計 | その他利益剰余金<br>繰越利益剰余金 | 利益剰余金合計 | 自己株式 | 株主資本合計 |
| 当期首残高 | 33,239 | 13,114 | 8,214 | 21,329 | 84,909 | 84,909 | △27,461 | 112,015 |
| 当期変動額 | | | | | | | | |
| 剰余金の配当 | | | | | △8,753 | △8,753 | | △8,753 |
| 当期純利益 | | | | | 29,289 | 29,289 | | 29,289 |
| 自己株式の取得 | | | | | | | △2 | △2 |
| 自己株式の処分 | | | 0 | 0 | | | 0 | 0 |
| 株主資本以外の項目の当期変動額（純額） | | | | | | | | |
| 当期変動額合計 | － | － | 0 | 0 | 20,535 | 20,535 | △2 | 20,533 |
| 当期末残高 | 33,239 | 13,114 | 8,214 | 21,329 | 105,444 | 105,444 | △27,464 | 132,549 |

| | 評価・換算差額等 | | 純資産合計 |
| --- | --- | --- | --- |
| | その他有価証券評価差額金 | 評価・換算差額等合計 | |
| 当期首残高 | 82 | 82 | 112,098 |
| 当期変動額 | | | |
| 剰余金の配当 | | | △8,753 |
| 当期純利益 | | | 29,289 |
| 自己株式の取得 | | | △2 |
| 自己株式の処分 | | | 0 |
| 株主資本以外の項目の当期変動額（純額） | 43 | 43 | 43 |
| 当期変動額合計 | 43 | 43 | 20,577 |
| 当期末残高 | 126 | 126 | 132,675 |

当事業年度（自　2022年4月1日　至　2023年3月31日）

（単位：百万円）

| | 株主資本 | | | | | | | | |
|---|---|---|---|---|---|---|---|---|---|
| | 資本金 | 資本剰余金 | | | 利益剰余金 | | 自己株式 | 株主資本合計 |
| | | 資本準備金 | その他<br>資本剰余金 | 資本剰余金<br>合計 | その他<br>利益剰余金<br>繰越利益<br>剰余金 | 利益剰余金<br>合計 | | |
| 当期首残高 | 33,239 | 13,114 | 8,214 | 21,329 | 105,444 | 105,444 | △27,464 | 132,549 |
| 当期変動額 | | | | | | | | |
| 剰余金の配当 | | | | | △10,879 | △10,879 | | △10,879 |
| 当期純利益 | | | | | 33,244 | 33,244 | | 33,244 |
| 自己株式の取得 | | | | | | | △27,465 | △27,465 |
| 自己株式の処分 | | | 11,905 | 11,905 | | | 1,915 | 13,821 |
| 自己株式の消却 | | | △2,976 | △2,976 | | | 2,976 | － |
| 株主資本以外の<br>項目の当期変動額<br>（純額） | | | | | | | | |
| 当期変動額合計 | － | － | 8,929 | 8,929 | 22,364 | 22,364 | △22,573 | 8,720 |
| 当期末残高 | 33,239 | 13,114 | 17,144 | 30,259 | 127,809 | 127,809 | △50,037 | 141,269 |

| | 評価・換算差額等 | | 純資産合計 |
|---|---|---|---|
| | その他有価証<br>券評価差額金 | 評価・換算<br>差額等合計 | |
| 当期首残高 | 126 | 126 | 132,675 |
| 当期変動額 | | | |
| 剰余金の配当 | | | △10,879 |
| 当期純利益 | | | 33,244 |
| 自己株式の取得 | | | △27,465 |
| 自己株式の処分 | | | 13,821 |
| 自己株式の消却 | | | － |
| 株主資本以外の<br>項目の当期変動額<br>（純額） | 1 | 1 | 1 |
| 当期変動額合計 | 1 | 1 | 8,722 |
| 当期末残高 | 128 | 128 | 141,398 |

【注記事項】

（重要な会計方針）

## 1. 資産の評価基準および評価方法 ································

### （1） 有価証券の評価基準および評価方法 ··················

① 子会社株式および関連会社株式

総平均法に基づく原価法

② その他有価証券

市場価格のない株式等以外のもの

時価法

（評価差額は全部純資産直入法により処理し，売却原価は総平均法により算定）

市場価格のない株式等

総平均法に基づく原価法

### （2） 棚卸資産の評価基準および評価方法 ··················

① 商品及び製品・仕掛品・原材料及び貯蔵品

主として移動平均法による原価法

（貸借対照表価額は収益性の低下に基づく簿価切下げの方法により算定）

② ゲームソフト仕掛品ゲームソフトの開発費用（コンテンツ部分およびコンテンツと不可分のソフトウェア部分）は，個別法による

原価法

（貸借対照表価額は収益性の低下に基づく簿価切下げの方法により算定）

## 2. 固定資産の減価償却の方法 ································

### （1） 有形固定資産（リース資産を除く）··················

建物（建物附属設備を除く）は定額法，建物以外については定率法を採用しております。ただし，2016年4月1日以降に取得した建物附属設備および構築物については，定額法を採用しております。

なお，主な耐用年数は次のとおりであります。

| 建物 | 3〜50年 |
| --- | --- |
| アミューズメント施設機器 | 3〜20年 |

### （2） 無形固定資産（リース資産を除く）......................................................

定額法を採用しております。

### （3） リース資産 ........................................................................................

　所有権移転外ファイナンス・リース取引については，リース期間を耐用年数とし，残存価額を零とする定額法を採用しております。ただし，リース契約上に残価保証の取決めのある場合においては，当該残価保証額を残存価額としております。

## 3. 引当金の計上基準 ..................................................................................
### （1） 貸倒引当金 ........................................................................................

　売上債権および貸付金等の貸倒れによる損失に備えるため，一般債権については貸倒実績率により，貸倒懸念債権等特定の債権については個別に回収可能性を検討し，回収不能見込額を計上しております。

### （2） 賞与引当金 ........................................................................................

　従業員に対する賞与の支給に充てるため，当事業年度末までに支給額が確定していない従業員賞与の支給見込額のうち，当事業年度に負担すべき額を計上しております。

### （3） 退職給付引当金 ................................................................................

　従業員の退職給付に備えるため，当事業年度末における退職給付債務の見込額に基づき計上しております。

　退職給付債務の算定にあたり，退職給付見込額を当事業年度末までの期間に帰属させる方法については，給付算定式基準によっております。

　また，数理計算上の差異は，各事業年度の発生時における従業員の平均残存勤

務期間の年数（13〜14年）による定額法により按分した額をそれぞれ発生の翌事業年度から費用処理することとしております。

## （4）　株式給付引当金 ·······················································

　株式報酬規程に基づく従業員への当社株式の交付に備えるため，当事業年度末における株式給付債務の見込額に基づき計上しております。

## 4．収益及び費用の計上基準 ·······································································

## （1）　主要な事業における主な履行義務の内容及び収益を認識する通常の時点 ···

### ①　デジタルコンテンツ事業

　デジタルコンテンツ事業においては，家庭用ゲームおよびモバイルコンテンツの開発・販売を行っております。

（パッケージ販売とデジタルダウンロード販売について）

　通常，当社がゲームソフトおよびコンテンツ内で利用するアイテムを顧客に引き渡した時点で，顧客が当該ゲームソフトおよびコンテンツ内で使用するアイテムに対する支配を獲得し，履行義務を充足したと判断できるものは，引き渡し時点で収益を認識しております。

（無償ダウンロードコンテンツについて）

　また，当社が顧客に販売したゲームソフトのうち，オンライン機能を有したゲームソフトには，発売日後，大型のアップデートが予定されているものがあります。その中には，顧客が無償でプレイ可能なゲームコンテンツの配信が含まれており，その配信を当社は公表し，顧客もその配信を期待しております。当社はそのような無償ダウンロードコンテンツ（以下，「無償DLC」）を，将来において顧客へ配信する履行義務を有していると考えております。そのため，当社は，発売時にプレイ可能な「本編」と，発売日後，大型のアップデート等により追加的に提供される「無償DLC」を別個の履行義務として識別し，顧客に販売したゲームソフトの取引価格を，独立販売価格に基づき，それぞれに配分しております。その上で，会計期間末日時点において未提供の無償DLCに

係る収益を認識しておりません。

　本編および無償DLCの独立販売価格は直接観察することができないことから，ゲームジャンル，本編およびダウンロードコンテンツの内容，販売方法等の類似性を考慮し選定したゲームソフトの本編と有償ダウンロードコンテンツ等（以下，「有償 DLC 等」）の合計販売価格に占める有償DLC等の販売価格比率の平均値（以下，「販売価格比率」）を算出し，当社が顧客に販売したゲームソフトの販売価格に当該販売価格比率を乗じることにより無償DLCの価格を算定しております。

　当社は顧客に無償DLCを配信し，顧客がそれをプレイ可能な状態とすることにより履行義務が充足されるものと考えております。このため，未提供の無償DLCは，発売日以降の配信期間にわたり，その配信された事実に基づき収益を認識しております。

（ライセンス取引について）

　また，当社が開発し製品化したゲームソフトの著作権者として，顧客とライセンス契約を締結しその配信権や素材の使用権を供与します。これらライセンス供与に係る収益のうち，返還不要の契約金および最低保証料については，ライセンスの供与時点において，顧客が当該ライセンスに対する支配を獲得することで当社の履行義務が充足されると判断した場合，一時点で収益を認識しております。

　また，売上高に基づくロイヤリティに係る収益は契約相手先の売上等を算定基礎として測定し，その発生時点を考慮して履行義務の充足を判断し，一時点で収益を認識しております。

　取引の対価は履行義務を充足してからおおよそ3ヵ月以内に受領しており，重要な金融要素は含まれておりません。

② **アミューズメント施設事業**

　アミューズメント施設事業においては，ゲーム機器等を設置した店舗の運営をしており，顧客との契約から生じる収益は，ゲーム機器等による商品又はサービスの販売によるものであり，顧客に提供した一時点で収益を認識しております。

　取引の対価は履行義務を充足してからおおよそ3ヵ月以内に受領しており，重

要な金融要素は含まれておりません。

③　アミューズメント機器事業

　アミューズメント機器事業においては，店舗運営業者等に販売する遊技機等の開発・製造・販売をしております。製品を顧客に引き渡した時点で履行義務を充足したと判断できるものは，一時点で収益を認識しております。

　取引の対価は履行義務を充足してからおおよそ3ヵ月以内に受領しており，重要な金融要素は含まれておりません。

④　その他事業

　その他事業においては，キャラクターライセンス事業等を行っております。当社が開発し製品化したゲームソフトやキャラクターの著作権者として，顧客とライセンス契約を締結しその商品化権や素材の使用権を供与します。これらライセンス供与に係る収益のうち，返還不要の契約金および最低保証料については，ライセンスの供与時点において，顧客が当該ライセンスに対する支配を獲得することで当社の履行義務が充足されると判断した場合，一時点で収益を認識しております。また，売上高に基づくロイヤリティに係る収益は契約相手先の売上等を算定基礎として測定し，その発生時点を考慮して履行義務の充足を判断し，一時点で収益を認識しております。

　取引の対価は履行義務を充足してからおおよそ3ヵ月以内に受領しており，重要な金融要素は含まれておりません。


## (2)　ゲームソフト制作費

　ゲームソフトは，一定の仕事を行わせるためのプログラム部分であるソフトウェアと，ゲーム内容を含め画像・音声データ等が組み合わされたコンテンツが，高度に組み合わされて制作される特徴を有しております。当社は，両者の経済価値は一体不可分として明確に区分できないものと考えており，その経済価値の主要な性格は，コンテンツであると判断しております。

　以上のことからゲームソフト制作費については，社内にて製品化を決定した段階からゲームソフト仕掛品に計上し，資産計上された制作費については，見込販売収益に基づき売上原価に計上しております。

## 5. 重要なヘッジ会計の方法

### （1）ヘッジ会計の方法

繰延ヘッジ処理を採用しております。

なお，振当処理の要件を満たしている場合は振当処理を採用しております。

### （2）ヘッジ手段とヘッジ対象

ヘッジ手段　　　為替予約

ヘッジ対象　　　外貨建債権および予定取引

### （3）ヘッジ方針

ヘッジ対象にかかわる為替相場変動リスクを回避する目的で行うこととしており，実需に基づくものを対象としております。また，投機目的によるデリバティブ取引は行わないこととしております。

### （4）ヘッジ有効性評価の方法

ヘッジ対象の相場変動またはキャッシュ・フロー変動の累計とヘッジ手段の相場変動またはキャッシュ・フロー変動の累計とを比較し，その変動額の比率によって有効性を評価しております。なお，振当処理によっている為替予約については，有効性の評価を省略しております。

## 6. その他財務諸表作成のための基礎となる事項

### （1）のれんの償却方法及び償却期間

のれんの償却方法については，5年間の定額法により償却しております。

### （2）退職給付に係る会計処理

退職給付に係る未認識数理計算上の差異は，連結財務諸表における会計処理の方法と異なっております。

（重要な会計上の見積り）

## 1. 無償ダウンロードコンテンツの収益認識 ·················································

### （1） 当事業年度の財務諸表に計上した金額 ·················································

（単位：百万円）

| | 前事業年度 | 当事業年度 |
|---|---|---|
| 貸借対照表の繰延収益の計上額 | 5,729 | 4,272 |
| 上記のうち、当事業年度末において、未提供の無償ダウンロードコンテンツに係る繰延収益の計上額 | 5,729 | 4,078 |

### （2） 識別した項目に係る重要な会計上の見積りの内容に関する情報 ··············

連結財務諸表「注記事項（重要な会計上の見積り）1. 無償ダウンロードコンテンツの収益認識」に記載した内容と同一であります。

## 2. ゲームソフト仕掛品の評価 ·················································

### （1） 当事業年度の財務諸表に計上した金額 ·················································

（単位：百万円）

| | 前事業年度 | 当事業年度 |
|---|---|---|
| 貸借対照表のゲームソフト仕掛品の計上額 | 31,405 | 38,522 |
| 上記のうち、翌事業年度の財務諸表に重要な影響を及ぼす可能性があると判断したタイトルに係る金額 | 9,037 | 12,626 |

### （2） 識別した項目に係る重要な会計上の見積りの内容に関する情報 ··············

連結財務諸表「注記事項（重要な会計上の見積り）2. ゲームソフト仕掛品の評価」に記載した内容と同一であります。

（表示方法の変更）

（損益計算書）

開発部門の利益貢献に応じて分配される変動型の利益配分賞与につきまして，これまで「販売費及び一般管理費」として処理をしておりましたが，当事業年度の期首より「売上原価」として表示区分を変更することといたしました。

この変更は，当事業年度における当社の報酬制度の改定に伴い，損益管理区分

の見直しを行い，事業の実態をより適切に反映するために実施したものであります。

　当該変更により前事業年度の売上原価は1,693百万円増加し，売上総利益，販売費及び一般管理費はそれぞれ同額減少いたしましたが，営業利益に与える影響はありません。


（追加情報）
　（株式付与ESOP信託）
　株式付与ESOP信託に関する注記は，連結財務諸表「注記事項（追加情報）」に同一の内容を記載しているので，注記を省略しております。

# 第2章

## エンタメ・レジャー業界の "今"を知ろう

企業の募集情報は手に入れた。しかし，それだけでは
まだ不十分。企業単位ではなく，業界全体を俯瞰する
視点は，面接などでもよく問われる重要ポイントだ。
この章では直近1年間のレジャー業界を象徴する重大
ニュースをまとめるとともに，今後の展望について言
及している。また，章末にはレジャー業界における有
名企業（一部抜粋）のリストも記載してあるので，今
後の就職活動の参考にしてほしい。

# エンタメ・レジャー 業界の動向

　「レジャー」とは，ゲーム，テーマパーク，劇場，映画館，旅行，ホテル，パチンコ，スポーツ・フィットネスなど，人々の余暇に関する業界である。景気に左右されやすく，時代を色濃く反映するのが特徴である。

## ❖ ゲーム業界の動向

　現在のゲームの形態は，スマートフォンで遊ぶスマホゲーム，専用機で遊ぶ家庭用ゲーム，そしてパソコンで遊ぶPCゲームに大別される。現行の家庭用ゲームハードはソニーグループの「プレイステーション5」，任天堂の「ニンテンドースイッチ」，そしてマイクロソフトの「XboxSeriesX/SeriesS」の3機種があげられる。2022年の国内ゲーム市場は2兆5923億，世界では24兆8237億円にもなる。

### ●ポケモン，ゼルダら人気シリーズがヒット

　かつてのゲーム業界では，販売されたゲームソフトは専用の家庭用ハードで遊ぶことが前提であった。1990年代では初代「プレイステーション」とセガの「セガサターン」で激しいシェア争いが起きたが，「ドラゴンクエスト」「ファイナルファンタジー」といった人気タイトルを独占したプレイステーションがシェアを勝ち取り，後の「プレイステーション2」の時代までソニーの一強体制を作り上げた。

　2023年現在では，ダウンロード版の販売が増えたこともあり，ひとつのタイトルが各種ハードにまたがって発売されることも多くなった。そんな中，任天堂は「マリオ」「ポケモン」「ゼルダ」などの独自タイトルを多く抱えている。2022年11月に発売された「ポケットモンスタースカーレット・バイオレット」，2023年5月発売の「ゼルダの伝説　ティアーズ　オブ　ザ　キングダム」などはニンテンドースイッチ専用タイトルながらも発売3日間で

1000万本を売り上げた。2017年に発売されたニンテンドースイッチ自体の販売台数は低下しているが，年間プレイユーザー数は増加している。

　ソニーグループはプレイステーション5が好調。発売当初は品薄から転売問題が話題となったが，2023年には安定した供給が確立されている。2023年11月には旧来からの性能はそのままで，30%以上の軽量化をはかった新型プレイステーション5と，携帯機として「PlayStation Portal リモートプレーヤー」を発売した。

## ●スマホゲームは中国の台頭が目立つ

　専用ハードを買い求める必要がある家庭用ゲーム機と異なり，誰もが手にするスマートフォンを使用するモバイルゲームは，その手に取りやすさから普段ゲームをしないカジュアル層への訴求力を強く持つ。

　2021年にリリースされたサイゲームス「ウマ娘 プリティダービー」は社会現象ともいえる大ヒットを記録，2022年も894億円を売り上げ，これはモバイルゲーム全体の2位であった。モバイルゲーム売り上げ1位はモバイルゲーム黎明期にリリースされたMIXIの「モンスターストライク」で，933億円を売り上げた。同じく黎明期のタイトルであるガンホーの「パズル＆ドラゴン」も422億円と4位の売り上げで息の長さを感じさせる。

　近年，モバイルゲーム業界では中国企業の台頭が目立つ。miHoYoの「原神」やネットイースの「荒野行動」などはランキングトップ10内におり，今後ますます競争が激化していくと思われる。

## ❖ テーマパーク業界の動向

　テーマパーク業界は，新型コロナウイルスの影響を多大に受けた。東京ディズニーリゾートは，2020年2月29日から6月末まで丸4カ月以上の臨時休園に踏み切った。ユニバーサル・スタジオ・ジャパンも6月初旬から3カ月以上休業・ほかの遊園地や動物園・水族館も程度の違いはあれど，休園措置を余儀なくされた。

　2021年から徐々に営業を再開し，2023年は本格回復を見せたが，依然，入場者数はコロナ前の水準には届いていない。各社は価格改訂をはかり，客単価をあげる方向にシフトしてきている。

## ●大手2社，新アトラクション，新サービスでリピーターを確保

　最大手のオリエンタルランドは，2017年4月から東京ディズニーリゾートの大規模改装，新規サービスの開始に着手した。2018年は東京ディズニーリゾートの35周年にあたる年で，ディズニーランドでは新しいショーやパレードがスタートしているほか，「イッツ・ア・スモールワールド」がリニューアルされた。2019年には，ディズニーシーに新しいアトラクションとして「ソアリン：ファンタスティック・フライト」が誕生した。2020年9月にはディズニーランドで映画「美女と野獣」「ベイマックス」などをテーマにした新施設をオープンした。また，2024年にはディズニーシーで新エリア「ファンタジースプリングス」はオープンする予定。「アナと雪の女王」「塔の上のラプンツェル」「ピーター・パン」の世界観を再現した4つのアトラクションによる3エリアが用意される。

　ユニバーサル・スタジオ・ジャパンも，2018年に「ハリー・ポッター・アンド・ザ・フォービドゥン・ジャーニー完全版」をスタートし，子供向けの『プレイング・ウィズ・おさるのジョージ』，『ミニオン・ハチャメチャ・アイス』の2つのアトラクションを追加。新パレード「ユニバーサル・スペクタクル・ナイトパレード」の開催のほか，「ウォーターワールド」もリニューアルされた。2021年には，任天堂と提携して「スーパーマリオ」をテーマにしたエリアをオープン。投資額は約500億円で「ハリー・ポッター」を超える規模となる。

　また，オリエンタルランド，ユニバーサル・スタジオ・ジャパンともに，新サービスとして有料でアトラクションの待ち時間を短縮することができるチケットを販売。客単価を上げることで収益を上げることに成功している。

## ●ムーミンやアニメ，新規開業も続々

　地方でもテーマパークの新設が続いている。2017年には名古屋に「レゴランド・ジャパン」がオープンしたが，2018年，隣接地に水族館「シーライフ名古屋」とホテルが追加され，レゴランド・ジャパン・リゾートとなった。また，ムーミンのテーマパーク「Metsa（メッツァ）」が埼玉県飯能に開設される。メッツァは，北欧のライフスタイルが体験できる「メッツァビレッジ」とムーミンの物語をテーマにした「ムーミンバレーパーク」の2エリアで構成され，「メッツァビレッジ」は2018年秋，「ムーミンバレーパーク」は2019年春にオープンした。

　2020年には香川県のうたづ臨海公園内に四国エリアで最大級となる水族

館「四国水族館」がオープンした。2022年には，愛知万博会場の愛・地球博記念公園内に人気アニメ「もののけ姫」や「ハウルの動く城」といったジブリの世界観を楽しめるテーマパーク「ジブリパーク」が開業。ジブリパークは5つのエリアで構成されている。「青春の丘」エリアは『耳をすませば』『ハウルの動く城』がモチーフに。「もののけの里」エリアは『もののけ姫』をテーマにしたエリアで，「魔女の谷」エリアは『ハウルの動く城』や『魔女の宅急便』をテーマにした遊戯施設が用意される予定。「どんどこ森」エリアは，現在「サツキとメイの家」が建っている同公園内の場所が該当し，『となりのトトロ』をテーマにしたエリアになっている。また，「ジブリの大倉庫」エリアは映像展示や子どもの遊び場施設になっている。

　11月のオープン当初は1日の入場者数が5000人前後に抑えられていることもあり，チケットの入手が非常に困難な状況に。数ヶ月先まで予約で埋まる大盛況となっている。

## ❖ 旅行業界の動向

　「21世紀最大の産業は，観光業」という見方もあるほど，旅行業界は世界的な成長産業である。国連世界観光機構（UNWTO）によると，2019年の世界の海外旅行者数は，前年比6％増の14億人となり，9年連続で増加した。UNWTOの長期予測では，2020年に年間14億人に，2030年には18億人に拡大するとされていたが，それよりも2年早く実現したことになる。新型コロナウイルス禍で大打撃を受けた旅行業界だが，コロナ5類移行を受けて，順調に回復してきている。

　国内については，観光庁によると，2022年度の国内旅行消費額は18.7兆円まで回復した。2022年6月には政府が訪日客の受け入れを再開。入国者数の上限制度など一部では引き続き水際対策が続くものの，2023年からは正常化が見込まれている。

　国内旅行会社が扱う商品は，個人・法人向けとして，国内・海外旅行などのパッケージツアーや，個々の希望に応じて宿や交通機関の手配を行う企画旅行が中心となる。わずかな手数料がおもな収入源のため，店舗を構えて担当者が対応する店舗型では店舗の運用費や人件費の負担が高くなっている。

## ●ネット専門旅行業の急成長に，大手も対抗

　ネット通販の拡大とともに，旅行業界においてもOTA（Online Travel Agent）が台頭している。ホテル予約について世界市場を見ると，米国では，OTA経由とホテル直販がほぼ半数ずつなのに対して，アジアでは約7割がOTA経由になっている。国内でも，2大OTAの「楽天トラベル」とリクルートの「じゃらんネット」をはじめ，エクスペディア，ホテルズ.comなどの外資系も続々と参入している。また近年は「トリバゴ」や「トリップアドバイザー」といった，ネット予約サイトを横断的に検索してホテルや航空券の価格を比較する「メタサーチ」を提供するサイトの存在感が高まっている。2017年7月には，メタサーチ大手「カヤック」が日本への本格進出した。

　こういった動向を受けて，大手各社は組織再編に乗り出している。JTBは，2017年4月に事業再編を発表。地域別・機能別に分散していた15社を本社に統合し，個人・法人・グローバルの3事業を軸に組織化した。一方，KNT-CTホールディングス（近畿日本ツーリストとクラブツーリズムの統合会社）は，JTBと正反対の戦略を示す。同時期に発表されたKNT-CTの構造改革では，これまで団体や個人といった旅行形態に合わせていた事業を，新たに地域ごとに子会社を設け，地域密着で旅行に関連する需要を取り込んでいくという。HISは2016年11月に新体制に移行し，グローバルオンライン事業を既存旅行事業から切り離した。そのねらいは「世界に通用するOTAを視野に入れた，新たなビジネスモデルを構築」だという。

　また，各社とも，所有資源を有効活用しつつ，旅行に限定しない幅広いサービスの開拓も積極的に行っている。JTBは2013年に，企業，地方自治体の海外進出をサポートする事業「LAPTA」を立ち上げ，海外進出の際の市場調査や，商談会・展示会など販路拡大の機会創出，駐在員の生活支援といったサービスの提供を始めた。HISも2015年より市場調査などのサポートを行う「HISビジネス展開支援サービス」を始めていたが，2018年からはこの事業をさらに強化した「Global Business Advance」サービスの提供を始めた。海外展開支援のための企業マネジメントや各種コンサルティング，実務支援，現地進出のサポートやビジネス展開の支援サービスを提供する。まずはトルコを皮切りに，今後は同社の世界70カ国の拠点でサービスを展開するという。

# ❖ スポーツ用品業界動向

　国内スポーツ用品市場は，健康志向によってスポーツへの関心が高まり，微増傾向が続いている。矢野経済研究所によれば，2022年の市場規模は1兆6529億円と見込まれている。

　業界1位のアシックスは，シューズメーカーとしてスタートし，スポーツシューズに強みを持っていたことから，経営資源の大半をランニングシューズに集中させ，業績を好転させている。広告塔となる選手を設けず，世界各地のマラソン大会のスポンサーとなり，市民ランナーへ向けてブランドを訴求。この地道な販促は，ロンドン，ボストン，東京など世界の主要なマラソン大会において，2時間台で完走した上級参加者のシューズは，5割以上がアシックスという結果につながっている。一方，業界2位のミズノは，トッププロ選手やチームとの契約を重視し，野球やゴルフなど特定の競技に依存したことで，好調の波に乗り遅れた。しかし近年は，競技重視のマーケティングを転換し，より裾野が広いカジュアル系ブランドとしての訴求を目指している。

## ●海外に目を向ける各社　アシックスの海外売上高比率は8割

　国内スポーツ大手は，少子高齢化による競技スポーツ市場の縮小を見越して，海外進出にも積極的に取り組んでいる。アシックスは2012年に，子会社のアシックスジャパンを設立して国内事業を移管，本体のアシックスは海外事業を主軸に据えた。「世界5極体制」といったグローバルな体制を敷き，日本以外に，米国，欧州，オセアニア，東アジア地域で幅広く展開したことで，現在では，海外売上高比率が約80％を占めている。業界3位のデサントは，韓国を中心にアジアで売上を伸ばしており，海外売上高比率は53％まで伸びている。2016年には，中国で合弁会社を設立。2018年には，韓国・釜山にシューズの研究開発拠点を新設したほか，米国アトランタに新規子会社を設立して，アスレチックウェアやゴルフウェアの市場競争力を強化する。また，欧米に強い事業基盤を有するワコールと包括的業務提携を締結し，自社の強みのアジアとそれぞれ補完することで，世界展開の加速を図っている。

## ●ライフスタイル需要が伸びるなか，ミズノはアスレジャーに期待

　アスレジャーとは，アスレチックとレジャーを組み合わせた造語で，エクササイズをするような機能性の高いスポーツウェアで構成されたファッションスタイルのこと。これまでもスポーツミックスといわれる，スポーティなアイテムとフォーマルよりのアイテムを組み合わせるファッションはあったが，アスレジャーはよりスポーツ色が強い。

　2014年以降，ナイキがレディス市場を強化したことでレディースファッションとして火がついた。その後，メンズにも広がり，日本でも取り入れる若者が増えてきている。スポーツ関連企業がレディス市場の開拓を強化する動きは珍しいものではなく，2000年以降，継続して見られる動きといえる。米国では2020年にアスレジャー市場は約1000億ドル（約10兆円）になるとの予測もある。この市場で先行しているのは，ナイキやアディダスといった海外メーカーだが，国内のスポーツメーカーも新たな市場として注目している。

　米国ではアスレチックの傾向が強いが，日本ではカジュアル色の強い傾向が見える。もともとフィットネスクラブやヨガスタジオのなかで着るウェアがメインとなっており，機能性だけでなく，素材や色にもこだわった商品が好まれる。ライフスタイル需要の流れに乗り遅れていたミズノは，2016年から新ブランド「ミズノスポーツスタイル」や「M-LINE」，「WAVE LIMB」を投入し，タウンユース向けのアパレルやシューズを展開して挽回を図っている。2017年には，ナノ・ユニバースやマーガレット・ハウエルとのコラボ商品を発売し，話題を呼んだ。また，2018年には，ファミリー向けファッションブランドのコムサイズム（COMME CA ISM）とのコラボ商品も発売している。機能素材を使い，家族で身体を動かす楽しさを提案する商品群となっており，親子やパートナー同士でのリンクコーデが楽しめる。

　アスレジャーでは，機能性をもつウェアが選ばれるため，アパレル大手のユニクロも機能素材とファッション性を武器に，この市場に参入している。アスレジャーはあくまでファッションのトレンドであるため，当然ながら，ファッション性が求められる。機能性をアピールするだけで注目された競技スポーツ向けとは大きく異なる。スポーツメーカーには，いかに消費者に目を向けさせるか，購買意欲を高めるか，販売網も含めた工夫が求められる。

## エンタメ・レジャー業界

直近の業界各社の関連ニュースを
ななめ読みしておこう。

### 沖縄に大型テーマパーク25年開業　USJ再建の森岡氏主導

ユニバーサル・スタジオ・ジャパン（USJ、大阪市）の再建で知られる森岡毅
氏率いるマーケティング会社の刀（同市）は27日、沖縄県で自然体験を軸に
した大型テーマパークを2025年に開業すると発表した。

名称は「JUNGLIA（ジャングリア）」。世界自然遺産の森林「やんばる」に近
い沖縄本島北部の今帰仁（なきじん）村と名護市にまたがるゴルフ場跡地で23
年2月から工事を進めている。面積は60ヘクタールほど。50ヘクタール前後
の東京ディズニーランド（TDL、千葉県浦安市）や東京ディズニーシー（TDS、
同）、USJを上回る。

刀の最高経営責任者（CEO）の森岡氏は東京都内で開いた記者会見で「沖縄は
世界一の観光のポテンシャルがある」と述べた。観光客が旅先での体験価値を
最大化できるよう「パワーバカンス」をコンセプトに掲げ、「都会では味わえな
い本物の興奮と本物のぜいたくを組み合わせた」と語った。

アトラクションは気球に乗り込み眼下のジャングルやサンゴ礁の海を見渡せる
遊覧や、装甲車に乗り込んで肉食恐竜から逃げるスリルを楽しめるサファリラ
イドといった「人間の本能を貫通する」（森岡氏）体験を提供する。森林に囲ま
れたスパやレストランなど静かな時間を過ごせる空間も用意する。

空路で4〜5時間ほどの圏内に20億人超の市場を抱える地の利を生かし、伸
び代が大きいインバウンド（訪日外国人）も呼び寄せる。

（2023年11月27日　日本経済新聞）

### 個人消費、レジャー下支え　コンサートは15％増

レジャー消費が個人消費を下支えしている。2023年の映画の興行収入は歴代

3位のペースで推移し、音楽チケットの販売は新型コロナウイルス禍前の18年度を上回る。国内旅行も堅調だ。新型コロナの感染症法上の分類が「5類」に移行してまもなく半年。相次ぐ値上げで食品の支出が落ち込むなかで、レジャー関連の強さが目立っている。

チケット販売大手のぴあによると、23年4～8月の音楽チケットの販売枚数はコロナ前の18年同期比約15％増となった。「アリーナの開業が相次ぎ、大規模公演が増えていることも好材料となっている」（同社）

映画も好調だ。日本映画製作者連盟によると、23年1～8月の配給大手12社の興収は前年同期比12.8％増の1442億円だった。同期間としては歴代3位の水準だ。「ザ・スーパーマリオブラザーズ・ムービー」といったヒット作に恵まれたこともあり、「コロナ前にほぼ戻った」（同連盟）。

国内旅行は一段と回復している。東海道新幹線の10月の利用者数は11日時点で、18年同期比96％で推移する。土休日に限れば同100％だ。88％だった8月全体よりも高水準だ。西武・プリンスホテルズワールドワイドの10月の室料収入（一部施設）は18年同月比で約1.4倍の見通しだ。

日本生産性本部（東京・千代田）が26日公表した「レジャー白書」によると、レジャー産業の22年の市場規模は前の年に比べ12.7％増の62兆8230億円だった。コロナ禍の20年に55兆2040億円まで落ち込んだが着実に回復し、18年比では9割弱の水準まで回復した。「23年はコロナ前の水準（約70兆円）に近づくだろう」（日本生産性本部）

総務省の家計調査によると、2人以上の世帯の消費支出は実質ベースで8月まで6カ月連続で前年同月を下回った。一方で、ツアーなどのパック旅行支出は同53.7％増（推計）と21カ月連続で増加。物価高で食品への支出が抑えられているのと対照的に、消費者のレジャーへの支出意欲は高い。ゴルフ場運営のリソルホールディングスでは4～9月の客単価が19年同期に比べて2割弱上昇した。

（2023年10月26日　日本経済新聞）

---

## ゲーム開発に生成AI　コスト3分の1で、著作権侵害懸念も

ゲーム業界に生成AI（人工知能）の波が押し寄せている。人材や資金に限りがあるゲーム制作のスタートアップでは、シナリオ構成やキャラクターデザインなどでフル活用し、開発コストを従来の3分の1に抑える企業もある。ただ、生成AIが生み出したコンテンツが著作権を侵害する懸念もあり、ゲーム大手は

導入に慎重だ。

「どの部分で生成AIを使っているんですか」。現在開催中の世界最大級のゲーム見本市「東京ゲームショウ（TGS）2023」の会場で、開発スタッフわずか4人のスタートアップ、AI Frog Interactive（東京・目黒）のブースに並ぶゲームが注目を集めた。

フィールドを歩き回る一見普通のゲームだが、キャラクターのデザイン案に画像生成AIを使い、シナリオ案を出したりキャラクターを動かすコードを書いたりするのには対話型AIを活用した。新清士最高経営責任者（CEO）は「開発コストと期間が3分の1で済むため、同じ予算でより凝ったものを早くつくれる」と話す。

AIはあくまで案を出す役で、最終的には人の手を入れる。回答が不完全なものが多いうえ、実在する作品と酷似するといった著作権侵害のリスクを減らすためだ。新氏は数年後にはゲーム業界で生成AIの利用が当たり前になるとみており、「大手が本腰を入れる前に実用化してリードしておきたい」と話す。

近年、大型ゲームの開発費用は100億円を超えることも多く、完成まで5年ほどかかるケースもある。技術の進歩でビジュアルなども高度になり作業が大幅に増加したからだ。生成AIを使えば、経営資源が乏しいスタートアップも大型ゲームに匹敵する作品を生み出せる可能性がある。

ゲーム向けAIを開発するモリカトロン（東京・新宿）は7月、生成AIで制作したミステリーゲーム「Red Ram」を発表した。ユーザーがゲーム内で入力した設定などをもとに、シナリオ構成やキャラクター、背景画像などを生成AIが創作する。3人のエンジニアで制作にかかった期間は約3カ月。従来に比べて工数を約4割削減できたという。

東京ゲームショウでは生成AIをテーマにした対談も開催された。サイバーエージェント傘下のCygamesは、ゲーム内の不具合を自動で検知する活用事例を披露。将来は生成AIと人がどう役割分担すべきかなどを議論した。

もっとも、生成AIの活用に慎重な企業は大手を中心に多い。対談に登壇したスクウェア・エニックスAI部の三宅陽一郎氏は「外注先などとの摩擦が少ない小規模開発の現場では導入が早いだろう」と指摘。バンダイナムコスタジオの長谷洋平氏は校閲システムなどで生成AIの技術を使っていると明かしたうえで「著作権などのリスクに対して議論があり、それらを無視して活用できない」と語った。

あるゲーム国内大手の幹部は「各社が互いの出方を見ている段階だ」と話す。

海外ではゲームに生成AIを組み込んでいることを理由に大手プラットフォーム

での配信を拒否されたとする事例も報告された。生成AIがつくったものが著作権を侵害することを懸念した動きとみられる。

データ・AI法務が専門のSTORIA法律事務所の柿沼太一弁護士は、著作権侵害などのリスクを回避するため「学習したデータと比較して不適切なものが生成されないような技術的な仕組みなどが必要だ」と指摘する。

（2023年9月22日　日本経済新聞）

---

# 東京ゲームショウ開幕　携帯型ブーム再来、ASUSなど

21日開幕した世界最大級のゲーム見本市「東京ゲームショウ（TGS）2023」では、台湾の華碩電脳（エイスース、ASUS）などが出展した携帯ゲーム機が話題を集めた。人気のオンラインゲームを外出先でも楽しめる。据え置き型を展開するソニーグループの戦略にも影響を及ぼしている。

会場の幕張メッセ（千葉市）では開場前に1300人以上の長蛇の列ができ、英語のほか中国語、韓国語が多く聞こえた。開場後、ゲームが試せるブースの中には一時30分待ちとなる列もあった。

ゲームショウの主役は通常、各社が競って披露するゲームソフトだ。今回は1700点以上が出展された。ただ、今年は最新のゲーム用パソコン（PC）などハード機器を展示するコーナーが初めて登場した。操作の反応が早いなど、ゲーム体験の満足感を左右するような高い性能をうたうゲーム機が並ぶ。米デル・テクノロジーズや米インテルもPCゲーム端末を出展し、中国スタートアップによる携帯ゲーム機も目立った。

国内大手ゲーム会社ではバンダイナムコエンターテインメントやスクウェア・エニックス、セガなどが出展し、話題のゲームにちなんだ展示や試遊を行った。海外からは中国ゲームの網易（ネットイース）のゲーム部門も初出展した。

会場で特に注目を集めたのが、ASUSの携帯ゲーム機「ROG Ally（アールオージーエイライ）」だ。任天堂の「ニンテンドースイッチ」より一回り大きく、7インチ液晶の左右にあるコントローラーを操作して遊ぶ。上位機種の価格は約11万円と値は張るが「6月の発売後、想定の3倍を既に出荷している」（ASUS）という。同ゲーム機は米マイクロソフトのPC向け基本ソフト（OS）「ウィンドウズ11」や高性能半導体を搭載し、デスクトップ型PC並みの性能を誇る。

中国レノボ・グループは今回のゲームショウに出展しなかった初の携帯ゲーム機「レノボ・レギオン・ゴー」を近く発売する。ASUSより大きい8.8インチの液晶

を搭載。ゲーム画面を美しく表示する性能が高い。

ASUS製もレノボ製も外出先で遊べる手軽さとともに、ハードとしての高い性能も売りとし、スマートフォンのゲームでは物足りないと感じるユーザーも取り込む狙いだ。ASUSの日本法人、ASUSJAPANのデイビッド・チュー統括部長はROG Allyについて「(ゲームの) プラットフォームを超えて遊べる。今後も色々なゲームで検証したい」と話す。

ASUSのゲーム機で遊んだ都内から来た18歳の男性は「画面描写がきれいで驚いた。自宅では『プレイステーション (PS) 5』で遊んでいるが、携帯型ゲームに興味がわいた」と話した。

ソニーGも21日、自宅にあるPS5のゲームを外出先からスマホ「Xperia (エクスペリア)」上で遊べる技術を披露した。11月にはPS5をWi-Fiでつなぎ、家の別の部屋などで遊べる新しいリモート端末を発売する。

ソニーGにとって、据え置き型のPS5が主力ゲーム機との位置づけは変わらない。ただ、携帯型のような楽しみ方を加えることでユーザーを逃さないよう手を打つ。

ゲーム機の歴史をたどれば、これまでも携帯型が人気だった時代がある。任天堂はファミコンに続いて1980年代末〜2000年代前半まで「ゲームボーイ」で市場を席巻した。現在も持ち運びできる「ニンテンドースイッチ」を販売している。

ソニーGも04年に発売した「プレイステーション・ポータブル (PSP)」など携帯ゲーム機を主力製品と位置づけていたことがあった。いずれもこれらの専用ゲーム機でしか遊べない「看板ソフト」があった。

今回再来した携帯型のブームが従来と異なるのは、1つのソフトを様々なハードで楽しめる「ゲームの汎用化」という大きな流れが背景にあることだ。ASUSやレノボの携帯ゲーム機は、持ち運びできる特徴に加え、1台でPCやスマホ向けのゲームも楽しめる点でスイッチなど専用機とは違う。

2026年の世界ゲーム市場は22年比で約14%増の2490億ドル (約37兆円) に成長する見通し。20〜26年の年平均成長率ではモバイル (3.3%) やPC (1.3%) に比べ、専用機は0.6%と小幅にとどまりそうだ。

専用機が頭打ちの中、関心が集まるのがマイクロソフトの動向だ。同社は「Xbox (エックスボックス)」を展開するが、PCやスマホ向けゲームにも注力し、専用機にはこだわらない戦略はソニーGや任天堂のそれとは異なる。

ゲーム業界に詳しい東洋証券の安田秀樹アナリストは「マイクロソフトは成長するPCゲームを取り込もうとしている」と指摘する。遊ぶ場所もハードも選ばないゲームへのニーズは、ゲーム大手も無視できないほど高まりつつある。

(2022年1月18日　日本経済新聞)

# VTuberを株式セミナーに　東洋証券が若年層開拓

東洋証券は株式セミナーにバーチャルユーチューバー（Vチューバー）を活用する取り組みを始めた。Vチューバーとも親和性の高いゲーム業界について担当アナリストとVチューバーが対話しながら業界を解説する。若者から人気のあるVチューバーとタッグを組み、幅広い層の投資家を開拓したい考えだ。

ゲームセクターを担当する東洋証券の安田秀樹シニアアナリストがVチューバーと対話しながら、業界環境やゲーム事業のイロハを解説する。

第1回のオンラインセミナーを4月に開き、ソニーグループや任天堂の事業などを説明した。7月にも2回目を開催し、2社の歴史やゲームメーカーの生き残り施策に焦点をあてて解説する予定だ。

証券会社のセミナーだが、あえて株や投資の話はしない構成とした。あくまで今回はゲーム業界に興味を持ってもらうことに主眼を置いた。60代以上が大半を占める既存客向けに、投資テーマを解説してきた従来型の株式セミナーとの違いを明確にした。

Vチューバーには「日向猫（ひなたね）めんま」を起用した。従来の株式セミナーは平日の昼間に店舗で開催することが多いが、若年層が視聴しやすい平日の午後8時にオンラインで開催した。第1回セミナーは視聴者の約35％を10〜30代が占めるという異例の結果となった。

「証券会社にしては面白いことを企画するなと思った」「2回目も参加したい」。セミナーの参加者からはそんな声が寄せられた。アンケートでは東洋証券の認知度が良くなったと回答した人が8割を超えた。

「証券会社の堅いイメージを払拭しながら、金融リテラシーの底上げを図りたい」。東洋証券の三浦秀明執行役員はセミナーの狙いをこう話す。さらに「投資とは何か」という広いテーマなどでも、同じVチューバーを起用したコラボ動画を今後投入していくという。

政府も「貯蓄から投資へ」というスローガンを掲げ、投資優遇制度である少額投資非課税制度（NISA）の充実を進めている。若年層の証券口座開設も増えつつあるが、その余地はまだ大きい。

Vチューバーはアニメ調の声と2次元や3次元のキャラクターの動きを重ねたもので、若者を中心に人気がある。2016年に人気キャラ「キズナアイ」が動画投稿サイトのユーチューブで登場したのがきっかけで、国内外に広まった。

中国の調査会社のQYリサーチによると、世界のVチューバーの市場規模は28

年に174億ドル（約2兆4800億円）を見込む。21年比で10倍超に拡大する見通しだ。

実際にVチューバーを活用した企業広報の裾野は広がっている。サントリーは自社初の公式Vチューバーを手掛け、製品レビューやゲーム実況などを通じて新たなファン層を獲得している。

証券会社のVチューバー活用については、こうした若い潜在顧客からどのように収益化へつなげるかという課題がある。三浦執行役員は「最終的には企業の投資家向け広報（IR）担当者と若い投資家の橋渡しができるような場を作っていきたい」と話す。

最近では株や投資をテーマにしたユーチューバーなどから情報を得る人も多く、若年層にとって金融資産形成の情報を収集するハードルが低くなってきている。若者が株式投資に興味を持つきっかけに、Vチューバーが一役買う可能性は今後も続きそうだ。　　　　　　　　　　　（2023年7月4日　日本経済新聞）

## 自動車内のエンタメ、ゲームに熱視線　NVIDIAやソニー

半導体大手の米エヌビディアは自動車にクラウドゲームを導入すると発表した。手始めに韓国現代自動車グループなど3社での搭載を予定する。ソニー・ホンダ連合も米エピックゲームズとの提携を公表した。クルマの電動化や自動運転技術の開発により、車内で過ごす移動時間の過ごし方が注目を集めている。自動車とエンタメ大手の「相乗り」で車内空間のエンターテインメント化が進みそうだ。

「リラックスして楽しめる車内体験を再創造する」。米ラスベガスで開かれたコンシューマー・エレクトロニクス・ショー（CES）で1月3日（現地時間）、エヌビディアのオートモーティブ事業バイスプレジデントを務めるアリ・カニ氏はこう強調した。

クラウドゲームサービス「ジーフォース・ナウ」を自動車にも導入する。まずは、現代自動車グループのほか、中国比亜迪（BYD）やスウェーデンのボルボ・カーズグループのポールスターと搭載を進める。現代自動車は「ヒュンダイ」「キア」などのブランドに搭載し、ポールスターはEV（電気自動車）での活用を進めるという。翌日にはソニー・ホンダモビリティも車内エンタメで米エピックゲームズとの協業を発表した。水野泰秀会長はエピックを「クルマにおける時間と空間の概念を広げるための重要なパートナー」と持ち上げた。

エピックはゲームや映画を制作するための「アンリアルエンジン」やオンラインゲーム「フォートナイト」を持ち、ゲームの配信プラットフォームも運営する。iPhoneでのゲーム収益を巡っては米アップルと衝突した。クルマのスマホ化を見据え、車内エンタメの覇権取りに手を打ったとみられる。

車内空間へのゲーム配信では米テスラの動きが速い。2022年7月にイーロン・マスク氏がツイッター上で告知した通り、12月に「モデルS」と「モデルX」に米バルブ・コーポレーションのゲーム配信サービス「スチーム」を実装した。独BMWも10月にスイスのNドリームとの提携を発表し、23年からの提供開始を予定する。

エヌビディアやスチームは特定のゲーム機に縛られない環境を整えてきた。PCやモバイルで自由に遊べる仕組みが変革期の自動車産業でも生きている。世界の新車販売台数は21年で8268万台と、年10億台を超えるスマホの出荷台数には遠く及ばないが、家庭用ゲーム機は優に上回る規模だ。富士経済は35年にはEVの新車販売だけで5651万台と予測し、潜在力は大きい。

皮算用通りに進めば、未来の消費者は車内で膨大な時間を持て余す。例えば、EV。日産リーフが積む容量40kWh（キロワット時）の電池を出力3kWで給電するとフル充電に約16時間かかる。一定の走行距離の確保だけでも数十分が必要だ。後部座席の子どもは今も退屈だが、自動運転になれば同乗者すべてが移動時間を持て余す。

エンタメを含むソフトウエアは自動車のビジネスモデルを変える。販売時点で完成品の自動車を作る商売から、販売後の自動車に向けた基本ソフト（OS）更新やエンタメ供給でも稼ぐスマホ型になる。「（ソフトは）顧客に1万ドル以上の価値をもたらし、自動車メーカー側にも新たなソフト収益をもたらす」（エヌビディアのカニ氏）

ゲーム業界も対応を迫られる。ゲームとの接点が家庭用ゲーム機からモバイルに移り変わると、ユーザーが好むゲームソフトも変わった。モビリティーでも車内空間の特徴を生かしたゲームソフトが脚光を集める可能性がある。モバイルで歩きスマホや射幸心をあおる一部の「ガチャ」課金が社会問題になったように、新たな課題が浮上する懸念もある。

一方、家庭用ゲームには台頭するモバイルやPCに劣勢を強いられた過去がある。モビリティーが脚光を浴びる中、業界で存在感が大きいソニー・インタラクティブエンタテインメント（SIE）や米マイクロソフトの動向も注目を集める。

（2023年1月14日　日本経済新聞）

# 現職者・退職者が語る エンタメ・レジャー業界の口コミ

※編集部に寄せられた情報を基に作成

## ▶ 労働環境

**職種：法人営業　　年齢・性別：20代前半・女性**

・仕事量が多いのは，この業界はどこも同様な気がします。
・お客様都合のため，残業せざるを得ない環境にあるといえます。
・有休は仕事の兼ね合いで取得が可能ですが，取りにくいです。
・店舗により雰囲気が全く違うので，働く店舗によると思います。

**職種：経理　　年齢・性別：50代前半・男性**

・社員は30年戦士がほとんどで，和気あいあいとした環境です。
・逆にいえば若い社員が少ない環境ということです。
・あと10年以内に今のポジションの社員は全員定年になります。
・なんとか綺麗に引き継ぎ出来る環境を整えてほしいと願っています。

**職種：カウンターセールス　　年齢・性別：20代前半・女性**

・仕事はハードですが，繁忙期には波があるので，慣れれば平気です。
・私のいる部署は残業を良しとしない風潮ため，定時帰社も可能です。
・部署によっては，遅くまで残業するところもあるようですが。
・お客様都合の仕事のため，特にオンとオフのメリハリが大事です。

**職種：販売・接客・ホールサービス　　年齢・性別：20代後半・男性**

・上司との関係もとても良く，結束力もあり社内の雰囲気も良好です。
・社員同士の仲も良く，よく皆でご飯や飲みに行くことも。
・上司は日々アドバイスをくれ，キャリアアップを応援してくれます。
・教育制度がしっかりしているので，とても安心して働けます。

# ▶ 福利厚生

職種：ルートセールス　　年齢・性別：30代前半・男性

・旅行関係の特典があるなど，福利厚生はとても充実しています。
・試験制度（国家試験を含む）の費用は会社が負担してくれます。
・ツアー割引や，関係協力機関の特典を受けられます。
・旅行へ行く際は航空機運賃や宿泊施設が割引になります。

職種：経理　　年齢・性別：50代後半・男性

・家族手当はありますが住宅補助はなく，福利厚生は不十分です。
・儲かっている会社なので住宅補助は少しあっても良い気がします。
・食事の補助も全くなく，会社だけが潤っている感じが否めません。
・一時金だけではない手当を充実させていってほしいと思います。

職種：販売・接客・ホールサービス　　年齢・性別：20代前半・男性

・住宅補助はとても充実していると思います。
・とても安く社員寮に入れ，単身赴任の場合も広い寮が与えられます。
・築年数は古めですが，立地や広さなど考えると十分満足な環境です。
・ジョブチャレンジ制度もあり，積極的に新しい仕事に挑戦できます。

職種：ホテルスタッフ　　年齢・性別：20代前半・女性

・一般的な大企業がもつ福利厚生は一通りは揃っていると思います。
・産休，育休や時短など，利用している女性は多くいます。
・子どもが生まれても，働き続けることは可能です。
・残業代は部署によってはつけにくい雰囲気があるのも事実です。

# ▶仕事のやりがい

職種：個人営業　　年齢・性別：20代後半・男性

- ・提案通りにお客様がオーダーしてくださると，やりがいを感じます。
- ・お客様に対して何をどう提案すれば満足していただけるか考えます。
- ・日頃から新聞やニュースを見て，アンテナを張ることも重要です。
- ・努力が結果となって見えやすいので，やる気につながります。

職種：法人営業　　年齢・性別：20代前半・女性

- ・誰かと競うのが好きな方にはやりがいがあり，楽しいと思います。
- ・社内，他社，営業所で競い合うことができる体育会系の社風です。
- ・成績が良いと研修旅行へ行けるため，モチベーションが上がります。
- ・希望すれば海外支店への移動もでき，自分の可能性が広がります。

職種：経理　　年齢・性別：20代後半・女性

- ・男女の区別は全くなく，結果が全てなのでやりがいがあります。
- ・まじめに仕事に取り組み，結果を出せば公平に評価される環境です。
- ・社内公募制度があり，成績次第で挑戦したい部署へ異動も可能です。
- ・私は支店勤務でしたが，営業成績を出し本社への異動を叶えました。

職種：販売・接客・ホールサービス　　年齢・性別：20代後半・男性

- ・若手でも部署によってはかなりの裁量を任されます。
- ・自由度も高く，自分で仕事を進めたい人には向いていると思います。
- ・日本だけでなく世界への発信力も大きいため，刺激があります。
- ・マニュアル，研修が充実しているため，自身の成長を感じられます。

# ▶ ブラック？ホワイト？

職種：旅行サービス関連　　年齢・性別：20代後半・女性

・毎日23時まで残業しているにも関わらず給料は少ないです。
・勤続年数が長くても，あまり給料はアップしないようです。
・ボーナスは出ない年もあり，クレジットのボーナス払いは危険です。
・退職金もこれまたほとんどないに等しいので，期待はできません。

職種：個人営業　　年齢・性別：20代後半・女性

・月に100時間を超える残業をしてもほとんど手当はつきません。
・ノルマ達成は当たり前ですが，それ以上に高い成績を求められます。
・安い商品ばかり販売しても，売上にならず給料に反映されません。
・社歴が長くても給料は上がらず，社内結婚した方はほぼ共働きです。

職種：法人営業　　年齢・性別：30代後半・男性

・昇進試験は適正試験と面接で決まりますが，評価規準が曖昧です。
・支店長の推薦（押し）と営業本部長の気持ちで変わるようです。
・実力があっても認められず，ゴマスリがはびこる歪んだ人事制度。
・どのラインにつくかで支店長や，営業本部に入れるかが決まります。

職種：旅行サービス関連　　年齢・性別：20代後半・女性

・基本給は低く，残業代はみなしで40時間までしか支払われません。
・年に2回の賞与はしっかりありましたが，微々たるものでした。
・仕事上では取った数字で評価されますが，給料は売り上げベース。
・数字的には目標達成でも給料が低い，なんてことはザラです。

# ▶ 女性の働きやすさ

## 職種：アミューズメント関連職　　年齢・性別：20代後半・男性

- 産休も取れ，女性にとってはかなり働きやすい職場だと思います。
- 妊娠中はデスクワーク主体の部署に異動することも可能です。
- 出産後落ち着いたら，元の職場に戻ることができます。
- 周りの方々も配慮してくれるので，気兼ねなく休むこともできます。

## 職種：アミューズメント関連職　　年齢・性別：20代後半・男性

- 産休はもちろん申請できますし，申請しやすい環境です。
- 出産後は自分で復帰のタイミングが決められます。
- 出産後に復帰して，時短勤務で仕事を続ける女性は多くいます。
- 休暇は申請すればほぼ取得できます。

## 職種：販売・接客・ホールサービス　　年齢・性別：30代後半・女性

- 従業員に女性が多いこともあり女性が働きやすい会社だと思います。
- 産休なども取得しやすく，職場復帰も問題なくできています。
- これまでに同僚が5名ほど産休を取得し，無事復帰してきました。
- 女性のキャリアパスについてもだいぶ整ってきていると思います。

## 職種：販売・接客・ホールサービス　　年齢・性別：30代後半・男性

- 産休や育休などの制度も整っており，女性は働きやすいと思います。
- 産前産後，育児休暇などは申請すれば必ず取得できます。
- 出産ギリギリまで働いて，産後落ち着いてから復帰する方もいます。
- 妊娠が発覚した時点で体に負担のない仕事内容に変更されることも。

# ▶今後の展望

職種：法人営業　　年齢・性別：30代後半・男性

・時代遅れの戦略や使いづらいシステム導入など無駄が多いため，今後，東京本社主導で事業の再建が進められると思われます。
・ビジネスモデルが崩壊しているのに今だ営業スタイルを変えません。
・今後業績は向上すると思いますが，給与は下がっていくでしょう。

職種：経理　　年齢・性別：50代後半・男性

・年功序列を廃し，成果主義が導入されています。
・成果主義が向かないポジションもあるため評価が難しい場合も。
・現在若い社員の給料が思ったほど上がっていないのも問題です。
・今後，思い切った人事制度改革が迫られると思います。

職種：経理　　年齢・性別：50代後半・男性

・有給休暇は取りやすく，女性が働きがいのある部門もあります。
・結婚，出産，育児にはまだ厳しい環境だといえます。
・男女雇用均等法は会社には好都合ですが女性には厳しい制度です。
・労働条件については，きめ細やかに整備されることが期待されます。

職種：経理　　年齢・性別：50代後半・男性

・設立当初は健康保険組合もなく，長時間労働も当たり前でしたが，4つの理念を掲げながら，上場後も躍進に躍進を重ねてきました。
・震災時にも自社の理念を実践するスタッフの姿に感慨一入でした。
・教育システムの徹底により，更なる飛躍が可能だと感じています。

# エンタメ・レジャー業界　国内企業リスト （一部抜粋）

| 会社名 | 本社住所 |
|---|---|
| 株式会社西武ホールディングス | 埼玉県所沢市くすのき台一丁目 11 番地の 1 |
| 株式会社第一興商 | 東京都品川区北品川 5-5-26 |
| リゾートトラスト株式会社 | 名古屋市中区東桜 2-18-31 |
| 株式会社アコーディア・ゴルフ | 東京都渋谷区渋谷 2 丁目 15 番 1 号 |
| 株式会社ラウンドワン | 大阪府堺市堺区戎島町四丁 45 番地 1 堺駅前ポルタスセンタービル |
| 株式会社東京ドーム | 東京都文京区後楽 1 丁目 3 番 61 号 |
| PGM ホールディングス株式会社 | 東京都港区高輪一丁目 3 番 13 号 NBF 高輪ビル |
| 株式会社サンリオ | 東京都品川区大崎 1-11-1 ゲートシティ大崎 （ウエストタワー 14F） |
| 東急不動産株式会社 | 東京都渋谷区道玄坂 1-21-2 |
| 常磐興産株式会社 | 福島県いわき市常磐藤原町蕨平 50 番地 |
| シダックス株式会社 | 東京都渋谷区神南一丁目 12 番 13 号 |
| 株式会社イオンファンタジー | 千葉県千葉市美浜区中瀬 1 丁目 5 番地 1 |
| 株式会社コシダカ ホールディングス | 群馬県前橋市大友町一丁目 5-1 |
| 株式会社 AOKI ホールディングス | 横浜市都筑区茅ヶ崎中央 24 番 1 号 |
| 株式会社東急レクリエーション | 東京都渋谷区桜丘町 2 番 9 号 カスヤビル 6 階 7 階 |
| 富士急行株式会社 | 山梨県富士吉田市新西原 5 丁目 2 番 1 号 |
| リゾートソリューション株式会社 | 東京都新宿区西新宿 6 丁目 24 番 1 号 西新宿三井ビルディング 12 階 |
| アドアーズ株式会社 | 東京都港区虎ノ門 1 丁目 7 番 12 号 虎ノ門ファーストガーデン 9F |
| 株式会社よみうりランド | 東京都稲城市矢野口 4015 番地 1 |
| 東京都競馬株式会社 | 東京都大田区大森北一丁目 6 番 8 号 |
| 株式会社明治座 | 東京都中央区日本橋浜町 2-31-1 |

| 会社名 | 本社住所 |
|---|---|
| 株式会社ゲオディノス | 北海道札幌市中央区南 3 条西 1 丁目 8 番地 |
| 遠州鉄道株式会社 | 浜松市中区旭町 12-1 |
| 藤田観光株式会社 | 東京都文京区関口 2-10-8 |
| 株式会社極楽湯 | 東京都千代田区麹町二丁目 4 番地<br>麹町鶴屋八幡ビル 6 階 |
| 株式会社鉄人化計画 | 東京都目黒区八雲一丁目 4 番 6 号 |
| 株式会社ウチヤマ<br>ホールディングス | 北九州市小倉北区熊本 2 丁目 10 番 10 号<br>内山第 20 ビル 1F |
| 株式会社ランシステム | 東京都豊島区池袋 2 丁目 43-1　池袋青柳ビル 3F |
| グリーンランドリゾート株式会社 | 熊本県荒尾市下井手 1616 |
| 名古屋競馬株式会社 | 愛知県名古屋市緑区大将ヶ根一丁目 2818 番地 |
| 株式会社御園座 | 名古屋市中区栄一丁目 10 番 5 号 |
| 株式会社メディアクリエイト | 静岡県沼津市筒井町 4-2 |
| 株式会社 A.C ホールディングス | 東京都港区芝大門一丁目 2 番 1 号　大門 KS ビル |
| 株式会社横浜スタジアム | 横浜市中区横浜公園 |
| ソーシャル・エコロジー・<br>プロジェクト株式会社 | 東京都港区南青山 1-11-45 |
| 朝日観光株式会社 | 長野県塩尻市広丘野村 1610-4 |
| 株式会社大阪国際会議場 | 大阪市北区中之島 5 丁目 3 番 51 号 |
| 北陸観光開発株式会社 | 石川県加賀市新保町ト 1 - 1 |
| 株式会社歌舞伎座 | 東京都中央区銀座四丁目 12 番 15 号 |
| 株式会社明智ゴルフ倶楽部 | 岐阜県恵那市明智町吉良見 980-2 |
| 株式会社山田クラブ 21 | 東京都渋谷区渋谷 2 丁目 10 番 6 号 |
| 株式会社千葉カントリー倶楽部 | 千葉県野田市蕃昌 4 |
| 株式会社宍戸国際ゴルフ倶楽部 | 東京都港区虎ノ門 3 丁目 7 番 7 号 |

| 会社名 | 本社住所 |
| --- | --- |
| 株式会社可児ゴルフ倶楽部 | 可児市久々利向平 221-2 |
| 株式会社房総カントリークラブ | 千葉県長生郡睦沢町妙楽寺字直沢 2300 番地 |
| 株式会社武蔵カントリー倶楽部 | 埼玉県入間市大字小谷田 961 |
| 三和プランニング株式会社 | 東京都中央区日本橋 2-8-6<br>SHIMA 日本橋ビル 7 階 |
| 株式会社花屋敷ゴルフ倶楽部 | 兵庫県三木市吉川町上荒川字松ケ浦 713 － 1 |
| 株式会社大利根カントリー倶楽部 | 茨城県坂東市下出島 10 |
| 株式会社セントクリーク<br>ゴルフクラブ | 愛知県豊田市月原町黒木 1-1 |
| 株式会社中山カントリークラブ | 東京都千代田区神田錦町 3 丁目 13 番地 7 |
| 株式会社日高カントリー倶楽部 | 埼玉県日高市高萩 1203 |
| 株式会社東松山カントリークラブ | 埼玉県東松山市大谷 1111 |
| 株式会社エイチ・アイ・エス | 東京都新宿区西新宿 6-8-1 新宿オークタワー 29 階 |
| 株式会社農協観光 | 東京都千代田区外神田一丁目 16 番 8 号<br>N ツアービル |
| 株式会社ユーラシア旅行社 | 東京都千代田区平河町 2-7-4 砂防会館別館 4F |
| 株式会社一休 | 東京都港区赤坂 3-3-3 住友生命赤坂ビル 8F |
| 株式会社ニッコウトラベル | 東京都中央区京橋 1-1-1 八重洲ダイビル 2 階 |
| 東京テアトル株式会社 | 東京都中央区銀座 1-16-1 |
| 株式会社創通 | 東京都港区浜松町 2-4-1 世界貿易センタービル 26F |
| 株式会社オーエス | 大阪市西成区南津守 6 丁目 5 番 53 号<br>オーエス大阪ビル |
| 中日本興業株式会社 | 名古屋市中村区名駅四丁目 7 番 1 号<br>ミッドランドスクエア 15F |
| 株式会社きんえい | 大阪市阿倍野区阿倍野筋 1 丁目 5 番 1 号 |
| 株式会社東京楽天地 | 東京都墨田区江東橋 4-27-14 |
| スバル興業株式会社 | 東京都千代田区有楽町一丁目 10 番 1 号 |

| 会社名 | 本社住所 |
|---|---|
| 静活株式会社 | 静岡県静岡市葵区七間町 8 番地の 20<br>毎日江崎ビル 5F |
| 武蔵野興業 株式会社 | 東京都新宿区新宿三丁目 27 番 10 号 |
| 株式会社東京臨海<br>ホールディングス | 東京都江東区青海二丁目 5 番 10 号 |
| 株式会社東京国際フォーラム | 東京都千代田区丸の内三丁目 5 番 1 号<br>東京国際フォーラム 11 階 |
| 株式会社クリエイティブマン<br>プロダクション | 渋谷区神宮前 6-19-20 第 15 荒井ビル 8F |
| ソワード株式会社 | 鹿児島市西千石町 14-10-101 |
| 清水興業 株式会社 | 広島県広島市南区的場町二丁目 1 番 15 号<br>清水観光ビル |
| 株式会社ムーヴ | 大阪市中央区淡路町 4-5-4　京音ビル 3 階 |
| 株式会社キョードー東北 | 宮城県仙台市青葉区一番町 4-6-1<br>仙台第一生命タワービルディング 16F |
| 株式会社キョードー東京 | 東京都港区北青山 3-6-18 共同ビル |
| 株式会社キョードー大阪 | 大阪市北区中之島 2-3-18<br>中之島フェスティバルタワー 3F |
| 株式会社キョードー西日本 | 福岡市中央区天神 2-8-41　福岡朝日会館 8F |
| 株式会社キョードー横浜 | 神奈川県横浜市中区本町 4 丁目 40 |
| 株式会社キョードー北陸 | 新潟県新潟市中央区天神 1 丁目 12-8 LEXN B 7 階 |
| 株式会社キョードー東海 | 名古屋市中区錦 3-15-15 CTV 錦ビル 7F |
| 株式会社キョードー札幌 | 札幌市中央区大通西 7 丁目ダイヤビル 10 階 |
| 株式会社 テツ コーポレーション | 名古屋市東区葵一丁目 7-17 |
| 株式会社宮地商会 | 東京都千代田区神田小川町 1-4 |
| 協愛株式会社 | 大阪市北区西天満 3 丁目 8 番 20 号　協愛ビル |
| 株式会社エスエルディー | 東京都渋谷区桜丘町 22-14 NES ビル N 棟 1F |
| 株式会社遊楽 | 埼玉県さいたま市浦和区高砂 2-8-16 |
| サントリーパブリシティサービス<br>株式会社 | 東京都千代田区永田町 2-13-5<br>赤坂エイトワンビル 3F |

| 会社名 | 本社住所 |
|---|---|
| 株式会社ビーコム | 神奈川県横浜市中区羽衣町 1 丁目 1 番 1 号 |
| 株式会社タツミコーポレーション | 兵庫県明石市松の内 2 丁目 3-9 親和ビル 5F |
| 株式会社延田エンタープライズ | 大阪市中央区心斎橋筋 2-1-6 |
| 株式会社太陽グループ | 札幌市中央区南 1 条西 4 丁目 4 番地 1 |
| 株式会社キャスブレーン | 神奈川県横浜市鶴見区鶴見中央 3-4-25 |
| 株式会社パラッツォ 東京プラザグループ | 東京都新宿区西新宿 6 丁目 8 番 1 号 |
| 株式会社マルハン | 京都市上京区出町今出川上る青龍町 231 |
| 株式会社コンチェルト | 東京都豊島区東池袋 3-1-1　サンシャイン 60　37F |
| 株式会社ウエルネスサプライ | 大阪市西区北堀江 2 丁目 1 番 11 号 久我ビル北館 9F |
| 株式会社オーエンス | 東京都中央区築地 4-1-17　銀座大野ビル 9F |
| 株式会社札幌ドーム | 札幌市豊平区羊ケ丘 1 番地（札幌ドーム内） |
| 株式会社ナゴヤドーム | 名古屋市東区大幸南一丁目 1 番 1 号 |
| 株式会社 大阪シティドーム | 大阪市西区千代崎 3 丁目中 2 番 1 号 |
| 神戸ウイングスタジアム株式会社 | 神戸市兵庫区御崎町 1 丁目 2 番地 2 |
| 株式会社ダイナム | 東京都荒川区西日暮里 2-27-5 |
| 株式会社ガイア | 東京都中央区日本橋横山町 7-18 |
| 長島商事株式会社 | 鹿児島市与次郎一丁目 6 番 14 号 |

# 第3章

## 就職活動のはじめかた

入りたい会社は決まった。しかし「就職活動とはそもそも何をしていいのかわからない」「どんな流れで進むかわからない」という声は意外と多い。ここでは就職活動の一般的な流れや内容，対策について解説していく。

# ▶就職活動のスケジュール

| **3月** | **4月** | **6月** |
|---|---|---|

**就職活動スタート**

2025年卒の就活スケジュールは,経団連と政府を中心に議論され,2024年卒の採用選考スケジュールから概ね変更なしとされている。

**エントリー受付・提出**

**OB・OG訪問**

企業の説明会には積極的に参加しよう。独自の企業研究だけでは見えてこなかった新たな情報を得る機会であるとともに,モチベーションアップにもつながる。また,説明会に参加した者だけに配布する資料などもある。

**合同企業説明会**　　**個別企業説明会**

**筆記試験・面接試験等始まる（3月〜）**

**内々定(大手企業)**

## 2月末までにやっておきたいこと

就職活動が本格化する前に，以下のことに取り組んでおこう。
　◎自己分析　◎インターンシップ　◎筆記試験対策
　◎業界研究・企業研究　◎学内就職ガイダンス
自分が本当にやりたいことはなにか，自分の能力を最大限に活かせる会社はどこか。自己分析と企業研究を重ね，それを文章などにして明確にしておき，面接時に最大限に活用できるようにしておこう。

**7月**　　　　**8月**　　　　**10月**

中 小 企 業 採 用 本 格 化

内定者の数が採用予定数に満た
ない企業，1年を通して採用を継
続している企業，夏休み以降に採
用活動を実施企業（後期採用）は
採用活動を継続して行っている。
大企業でも後期採用を行っている
こともあるので，企業から内定が
出ても，納得がいかなければ継続
して就職活動を行うこともある。

中小企業の採用が本格化するのは大手
企業より少し遅いこの時期から。HP
などで採用情報をつかむとともに，企
業研究も怠らないようにしよう。

内々定とは10月1日以前に通知（電話等）
されるもの。内定に関しては現在協定があり，
10月1日以降に文書等にて通知される。

内々定（中小企業）　　　　内定式（10月～）

## どんな人物が求められる？

多くの企業は，常識やコミュニケーション能力があり，社会のできごと
に高い関心を持っている人物を求めている。これは「会社の一員とし
て将来の企業発展に寄与してくれるか」という視点に基づく，もっとも
普遍的な選考基準だ。もちろん，「自社の志望を真剣に考えているか」
「自社の製品，サービスにどれだけの関心を向けているか」という熱
意の部分も重要な要素になる。

# 就活ロールプレイ！

## 就職活動のスタート

内定までの道のりは，大きく分けると以下のようになる。

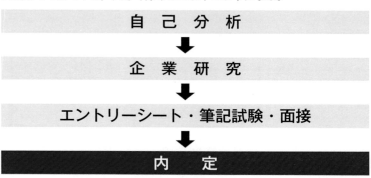

自 己 分 析

↓

企 業 研 究

↓

エントリーシート・筆記試験・面接

↓

内 定

## 01 まず自己分析からスタート

就職活動とは，「企業に自分をPRすること」。自分自身の興味，価値観に加えて，強み・能力という要素が加わって，初めて企業側に「自分が働いたら，こういうポイントで貢献できる」と自分自身を売り込むことができるようになる。

### ■自分の来た道を振り返る

自己分析をするための第一歩は，「振り返ってみる」こと。

小学校，中学校など自分のいた"場"ごとに何をしたか（部活動など），何を学んだか，交友関係はどうだったか，興味のあったこと，覚えている印象的なことを書き出してみよう。

### ■テストを受けてみる

"自分では気がついていない能力"を客観的に検査してもらうことで，自分に向いている職種が見えてくる。下記の5種類が代表的なものだ。

①職業適性検査　　②知能検査　　③性格検査

④職業興味検査　　⑤創造性検査

**■先輩や専門家に相談してみる**

　就職活動をするうえでは，"いかに他人に自分のことをわかってもらうか"が重要なポイント。他者の視点で自分を分析してもらうことで，より客観的な視点で自己PRができるようになる。

| 自己分析の流れ |
|---|
| ❏過去の経験を書いてみる |
| ❏現在の自己イメージを明確にする…行動，考え方，好きなものなど。 |
| ❏他人から見た自分を明確にする |
| ❏将来の自分を明確にしてみる…どのような生活をおくっていたいか。期待，夢，願望。なりたい自分はどういうものか，掘り下げて考える。→自己分析結果を，志望動機につなげていく。 |

## 01 企業の絞り込み

志望企業の絞り込みについての考え方は大きく分けて2つある。

第1は，同一業種の中で1次候補，2次候補……と絞り込んでいく方法。

第2は，業種を1次，2次，3次候補と変えながら，それぞれに2社程度ずつ絞り込んでいく方法。

第1の方法では，志望する同一業種の中で，一流企業，中堅企業，中小企業，縁故などがある歯止めの会社……というふうに絞り込んでいく。

第2の方法では，自分が最も望んでいる業種，将来好きになれそうな業種，発展性のある業種，安定性のある業種，現在好況な業種……というふうに区別して，それぞれに適当な会社を絞り込んでいく。

## 02 情報の収集場所

・キャリアセンター

・新聞

・インターネット

・企業情報

『就職四季報』（東洋経済新報社刊），『日経会社情報』（日本経済新聞社刊）などの企業情報。この種の資料は本来"株式市場"についての資料だが，その時期の景気動向を含めた情報を仕入れることができる。

・**経済雑誌**

『ダイヤモンド』（ダイヤモンド社刊）や『東洋経済』（東洋経済新報社刊），『エコノミスト』（毎日新聞出版刊）など。

・OB・OG／社会人

### ①成長力

まず"売上高"。次に資本力の問題や利益率などの比率。いくら資本金があっても，それを上回る膨大な借金を抱えていて，いくら稼いでも利払いに追われまくるようでは，成長できないし，安定できない。

成長力を見るには自己資本率を割り出してみる。自己資本を総資本で割って100を掛けると自己資本率がパーセントで出てくる。自己資本の比率が高いほうが成長力もあり安定度も高い。

利益率は純利益を売上高で割って100を掛ける。利益率が高ければ，企業はどんどん成長するし，社員の待遇も上昇する。利益率が低いということは，仕事がどんなに忙しくても利益にはつながらないということになる。

### ②技術力

技術力は，短期的な見方と長期的な展望が必要になってくる。研究部門が適切な規模か，大学など企業外の研究部門との連絡があるか，先端技術の分野で開発を続けているかどうかなど。

### ③経営者と経営形態

会社が将来，どのような発展をするか，または衰退するかは経営者の経営哲学，経営方針によるところが大きい。社長の経歴を知ることも必要。創始者の息子，孫といった親族が社長をしているのか，サラリーマン社長か，官庁などからの天下りかということも大切なチェックポイント。

### ④社風

社風というのは先輩社員から後輩社員に伝えられ，教えられるもの。社風もいろいろな面から必ずチェックしよう。

### ⑤安定性

企業が成長しているか，安定しているかということは車の両輪。どちらか片方の回転が遅くなっても企業はバランスを失う。安定し，しかも成長する。これが企業として最も理想とするところ。

### ⑥待遇

初任給だけを考えてみても，それが手取りなのか，基本給なのか。基本給というのはボーナスから退職金，定期昇給の金額にまで響いてくる。また，待遇というのは給与ばかりではなく，福利厚生施設でも大きな差が出てくる。

## ■そのほかの会社比較の基準

### 1. ゆとり度

休暇制度は，企業によって独自のものを設定しているところもある。「長期休暇制度」といったものなどの制定状況と，また実際に取得できているかどうかも調べたい。

### 2. 独身寮や住宅設備

最近では，社宅は廃止し，住宅手当を多く出すという流れもある。寮や社宅についての福利厚生は調べておく。

### 3. オフィス環境

会社に根づいた慣習や社員に対する考え方が，意外にオフィスの設備やレイアウトに表れている場合がある。

たとえば，個人の専有スペースの広さや区切り方，パソコンなどOA機器の設置状況，上司と部下の机の配置など，会社によってずいぶん違うもの。玄関ロビーや受付の様子を観察するだけでも，会社ごとのカラーや特徴がどこかに見えてくる。

### 4. 勤務地

転勤はイヤ，どうしても特定の地域で生活していきたい。そんな声に応えて，最近は流通業などを中心に，勤務地限定の雇用制度を取り入れる企業も増えている。

---

### column 初任給では分からない本当の給与

会社の給与水準には「初任給」「平均給与」「平均ボーナス」「モデル給与」など，判断材料となるいくつかのデータがある。これらのデータからその会社の給料の優劣を判断するのは非常に難しい。

たとえば中小企業の中には，初任給が飛び抜けて高い会社がときどきある。しかしその後の昇給率は大きくないのがほとんど。

一方，大手企業の初任給は業種間や企業間の差が小さく，ほとんど横並びと言っていい。そこで，「平均給与」や「平均ボーナス」などで将来の予測をするわけだが，これは一応の目安とはなるが，個人差があるので正確とは言えない。

---

## 04 就職ノートの作成

### ■決定版「就職ノート」はこう作る

　1冊にすべて書き込みたいという人には，ルーズリーフ形式のノートがお勧め。会社研究，スケジュール，時事用語，OB／OG訪問，切り抜きなどの項目を作りインデックスをつける。

　カレンダー，説明会，試験などのスケジュール表を貼り，とくに会社別の説明会，面談，書類提出，試験の日程がひと目で分かる表なども作っておく。そして見開き2ページで1社を載せ，左ページに企業研究，右ページには志望理由，自己PRなどを整理する。

---

#### 就職ノートの主なチェック項目

❏ 企業研究…資本金，業務内容，従業員数など基礎的な会社概要から，過去の採用状況，業務報告などのデータ

❏ 採用試験メモ…日程，条件，提出書類，採用方法，試験の傾向など

❏ 店舗・営業所見学メモ…流通関係，銀行などの場合は，客として訪問し，商品（値段，使用価値，ユーザーへの配慮），店員（接客態度，商品知識，熱意，親切度），店舗（ショーケース，陳列の工夫，店内の清潔さ）などの面をチェック

❏ OB／OG訪問メモ…OB／OGの名前，連絡先，訪問日時，面談場所，質疑応答のポイント，印象など

❏ 会社訪問メモ…連絡先，人事担当者名，会社までの交通機関，最寄り駅からの地図，訪問のときに得た情報や印象，訪問にいたるまでの経過も記入

　「OB／OG訪問」は，実際は採用予備選考開始。まず，OB／OG訪問を希望したら，大学のキャリアセンター，教授などの紹介で，志望企業に勤める先輩の手がかりをつかむ。もちろん直接電話なり手紙で，自分の意向を会社側に伝えてもいい。自分の在籍大学，学部をはっきり言って，「先輩を紹介していただけないでしょうか」と依頼しよう。

**参考**

## OB／OG訪問時の質問リスト例

● **採用について**
- ・成績と面接の比重
- ・採用までのプロセス（日程）
- ・面接は何回あるか
- ・面接で質問される事項　etc.
- ・評価のポイント
- ・筆記試験の傾向と対策
- ・コネの効力はどうか

● **仕事について**
- ・内容（入社10年，20年のOB/OG）
- ・希望職種につけるのか
- ・残業，休日出勤，出張など
- ・新入社員の仕事
- ・やりがいはどうか
- ・同業他社と比較してどうか　etc.

● **社風について**
- ・社内のムード
- ・仕事のさせ方　etc.
- ・上司や同僚との関係

● **待遇について**
- ・給与について
- ・昇進のスピード
- ・福利厚生の状態
- ・離職率について　etc.

インターンシップとは，学生向けに企業が用意している「就業体験」プログラム。ここで学生はさまざまな企業の実態をより深く知ることができ，その後の就職活動において自己分析，業界研究，職種選びなどに活かすことができる。また企業側にとっても有能な学生を発掘できるというメリットがあるため，導入する企業は増えている。

インターンシップ参加が採用につながっているケースもあるため，たくさん参加してみよう。

### column コネを利用するのも1つの手段？

コネを活用できるのは，以下のような場合である。

**・企業と大学に何らかの「連絡」がある場合**

企業の新卒採用の場合，特定校・指定校が決められていることもある。企業側が過去の実績などに基づいて決めており，大学の力が大きくものをいう。

とくに理工系では，指導教授や研究室と企業との連絡が密接な場合が多く，教授の推薦が有利であることは言うまでもない。同じ大学出身の先輩とのコネも，この部類に区分できる。

**・志望企業と「関係」ある人と関係がある場合**

一般的に言えば，志望企業の取り引き先関係からの紹介というのが一番多い。ただし，年間億単位の実績が必要で，しかも部長・役員以上につながっていなければコネがあるとは言えない。

**・志望企業と何らかの「親しい関係」がある場合**

志望企業に勤務したりアルバイトをしていたことがあるという場合。インターンシップもここに分類される。職場にも馴染みがあり人間関係もできているので，就職に際してきわめて有利。

**・志望会社に関係する人と「縁故」がある場合**

縁故を「血縁関係」とした場合，日本企業ではこのコネはかなり有効なところもある。ただし，血縁者が同じ会社にいるというのは不都合なことも多いので，どの企業も慎重。

## 1. 受付の様子

受付事務がテキパキとしていて，分かりやすいかどうか。社員の態度が親切で誠意が伝わってくるかどうか。

こういった受付の様子からでも，その会社の社員教育の程度や，新入社員採用に対する熱意とか期待を推し測ることができる。

## 2. 控え室の様子

控え室が2カ所以上あって，国立大学と私立大学の訪問者とが，別々に案内されているようなことはないか。また，面談の順番を意図的に変えているようなことはないか。これはよくある例で，すでに大半は内定しているということを意味する場合が多い。

## 3. 社内の雰囲気

社員の話し方，その内容を耳にはさむだけでも，社風が伝わってくる。

## 4. 面談の様子

何時間も待たせたあげくに，きわめて事務的に，しかも投げやりな質問しかしないような採用担当者である場合，この会社は人事が適正に行われていないということだから，一考したほうがよい。

---

**参考 ▶ 説明会での質問項目**

・質問内容が抽象的でなく，具体性のあるものかどうか。
・質問内容は，現在の社会・経済・政治などの情況を踏まえた，
　大学生らしい高度で専門性のあるものか。
・質問をするのはいいが，「それでは，あなたの意見はどうか」と
　逆に聞かれたとき，自分なりの見解が述べられるものであるか。

提出する書類は6種類。①〜③が大学に申請する書類，④〜⑥が自分で書く書類だ。大学に申請する書類は一度に何枚も入手しておこう。

①「卒業見込証明書」

②「成績証明書」

③「健康診断書」

④「履歴書」

⑤「エントリーシート」

⑥「会社説明会アンケート」

### ■自分で書く書類は「自己PR」

第1次面接に進めるか否かは「自分で書く書類」の出来にかかっている。「履歴書」と「エントリーシート」は会社説明会に行く前に準備しておくもの。「会社説明会アンケート」は説明会の際に書き，その場で提出する書類だ。

## 01 履歴書とエントリーシートの違い

Webエントリーを受け付けている企業に資料請求をすると，資料と一緒に「エントリーシート」が送られてくるので，応募サイトのフォームやメールでエントリーシートを送付する。Webエントリーを行っていない企業には，ハガキやメールで資料請求をする必要があるが，「エントリーシート」は履歴書とは異なり，企業が設定した設問に対して回答するもの。すなわちこれが「1次試験」であり，これにパスをした人だけが会社説明会に呼ばれる。

## 02 記入の際の注意点

### ■字はていねいに

字を書くところから，その企業に対する"本気度"は測られている。

### ■誤字，脱字は厳禁

使用するのは，黒のインク。

### ■修正液使用は不可

### ■数字は算用数字

### ■自分の広告を作るつもりで書く

自分はこういう人間であり，何がしたいかということを簡潔に書く。メリットになることだけで良い。自分に損になるようなことを書く必要はない。

### ■「やる気」を示す具体的なエピソードを

「私はやる気があります」「私は根気があります」という抽象的な表現だけではNG。それを示すエピソードのようなものを書かなくては意味がない。

---

**Point**

自己紹介欄の項目はすべて「自己PR」。自分はこういう人間であることを印象づけ，それがさらに企業への「志望動機」につながっていくような書き方をする。

---

**column** 履歴書やエントリーシートは，共通でもいい？

「履歴書」や「エントリーシート」は企業によって書き分ける。業種はもちろん，同じ業界の企業であっても求めている人材が違うからだ。各書類は提出前にコピーを取り，さらに出した企業名を忘れずに書いておくことも大切だ。

## ▌履歴書記入のPoint

| | |
|---|---|
| 写真 | スナップ写真は不可。<br>スーツ着用で，胸から上の物を使用する。ポイントは「清潔感」。<br>氏名・大学名を裏書きしておく。 |
| 日付 | 郵送の場合は投函する日，持参する場合は持参日の日付を記入する。 |
| 生年月日 | 西暦は避ける。元号を省略せずに記入する。 |
| 氏名 | 戸籍上の漢字を使う。印鑑押印欄があれば忘れずに押す。 |
| 住所 | フリガナ欄がカタカナであればカタカナで，平仮名であれば平仮名で記載する。 |
| 学歴 | 最初の行の中央部に「学□□歴」と2文字程度間隔を空けて，中学校卒業から大学（卒業・卒業見込み）まで記入する。<br>中途退学の場合は，理由を簡潔に記載する。留年は記入する必要はない。<br>職歴がなければ，最終学歴の一段下の行の右隅に，「以上」と記載する。 |
| 職歴 | 最終学歴の一段下の行の中央部に「職□□歴」と2文字程度間隔を空け記入する。<br>「株式会社」や「有限会社」など，所属部門を省略しないで記入する。<br>「同上」や「〃」で省略しない。<br>最終職歴の一段下の行の右隅に，「以上」と記載する。 |
| 資格・免許 | 4級以下は記載しない。学習中のものも記載して良い。<br>「普通自動車第一種運転免許」など，省略せずに記載する。 |
| 趣味・特技 | 具体的に（例：読書でもジャンルや好きな作家を）記入する。 |
| 志望理由 | その企業の強みや良い所を見つけ出したうえで，「自分の得意な事」がどう活かせるかなどを考えぬいたものを記入する。 |
| 自己PR | 応募企業の事業内容や職種にリンクするような，自分の経験やスキルなどを記入する。 |
| 本人希望欄 | 面接の連絡方法，希望職種・勤務地などを記入する。「特になし」や空白はNG。 |
| 家族構成 | 最初に世帯主を書き，次に配偶者，それから家族を祖父母，兄弟姉妹の順に。続柄は，本人から見た間柄。兄嫁は，義姉と書く。 |
| 健康状態 | 「良好」が一般的。 |

## 01 エントリーシートの目的

・応募者を，決められた採用予定者数に絞り込むこと

・面接時の資料にする

の2つ。

### ■知りたいのは職務遂行能力

　採用担当者が学生を見る場合は，「こいつは与えられた仕事をこなせるかどう
か」という目で見ている。企業に必要とされているのは仕事をする能力なのだ。

**Point**

> 質問に忠実に，"自分がいかにその会社の求める人材に当てはまるか"を
> 丁寧に答えること。

## 02 効果的なエントリーシートの書き方

### ■情報を伝える書き方

　課題をよく理解していることを相手に伝えるような気持ちで書く。

### ■文章力

　大切なのは全体のバランスが取れているか。書く前に，何をどれくらいの字
数で収めるか計算しておく。

　「起承転結」でいえば，「起」は，文章を起こす導入部分。「承」は，起を受け
て，その提起した問題に対して承認を求める部分。「転」は，自説を展開する
部分。もっともオリジナリティが要求される。「結」は，最後の締めの結論部分。
文章の構成・まとめる力で，総合的な能力が高いことをアピールする。

エントリーシートでよく取り上げられる題材と，その出題意図

エントリーシートで求められるものは，「自己PR」「志望動機」「将来どうなりたいか（目指すこと）」の3つに大別される。

## 1.「自己PR」

自己分析にしたがって作成していく。重要なのは，「なぜそうしようと思ったか？」「○○をした結果，何が変わったのか？何を得たのか？」という"連続性"が分かるかどうかがポイント。

## 2.「志望動機」

自己PRと一貫性を保ち，業界志望理由と企業志望理由を差別化して表現するように心がける。志望する業界の強みと弱み，志望企業の強みと弱みの把握は基本。

## 3.「将来の展望」

どんな社員を目指すのか，仕事へはどう臨もうと思っているか，目標は何か，などが問われる。仕事内容を事前に把握しておくだけでなく，5年後の自分，10年後の自分など，具体的な将来像を描いておくことが大切。

### 表現力，理解力のチェックポイント

❏ 文法，語法が正しいかどうか
❏ 論旨が論理的で一貫しているかどうか
❏ 1センテンスが簡潔かどうか
❏ 表現が統一されているかどうか（「です，ます」調か「だ，である」調か）

## 01 個人面接

### ●自由面接法

　面接官と受験者のキャラクターやその場の雰囲気，質問と応答の進行具合などによって雑談形式で自由に進められる。

### ●標準面接法

　自由面接法とは逆に，質問内容や評価の基準などがあらかじめ決まっている。実際には自由面接法と併用で，おおまかな質問事項や判定基準，評価ポイントを決めておき，質疑応答の内容上の制限を緩和しておくスタイルが一般的。1次面接などでは標準面接法をとり，2次以降で自由面接法をとる企業も多い。

### ●非指示面接法

　受験者に自由に発言してもらい，面接官は話題を引き出したりするときなど，最小限の質問をするという方法。

### ●圧迫面接法

　わざと受験者の精神状態を緊張させ，受験者がどのような応答をするかを観察し，判定する。受験者は，冷静に対応することが肝心。

## 02 集団面接

　面接の方法は個人面接と大差ないが，面接官がひとつの質問をして，受験者が順にそれに答えるという方法と，面接官が司会役になって，座談会のような形式で進める方法とがある。

　座談会のようなスタイルでの面接は，なるべく受験者全員が関心をもっているような話題を取りあげ，意見を述べさせるという方法。この際，司会役以外の面接官は一言も発言せず，判定・評価に専念する。

# 03 グループディスカッション

　グループディスカッション（以下，GD）の時間は30〜60分程度，1グループの人数は5〜10人程度で，司会は面接官が行う場合や，時間を決めて学生が交替で行うことが多い。面接官は内容については特に指示することはなく，受験者がどのようにGDを進めるかを観察する。

　評価のポイントは，全体的には理解力，表現力，指導性，積極性，協調性など，個別的には性格，知識，適性などが観察される。

　GDの特色は，集団の中での個人ということで，受験者の能力がどの程度のものであるか，また，どのようなことに向いているかを判定できること。受験者は，グループの中における自分の位置を面接官に印象づけることが大切だ。

## グループディスカッション方式の面接におけるチェックポイント

❏全体の中で適切な論点を提供できているかどうか。
❏問題解決に役立つ知識を持っているか，また提供できているかどうか。
❏もつれた議論を解きほぐし，的はずれの議論を元に引き戻す努力をしているかどうか。
❏グループ全体としての目標をいつも考えているかどうか。
❏感情的な対立や攻撃をしかけているようなことはないか。
❏他人の意見に耳を傾け，よい意見には賛意を表し，それを全体に推し広げようという寛大さがあるかどうか。
❏議論の流れを自然にリードするような主導性を持っているかどうか。
❏提出した意見が議論の進行に大きな影響を与えているかどうか。

# 04 面接時の注意点

## ●控え室

　控え室には，指定された時間の15分前には入室しよう。そこで担当の係から，面接に際しての注意点や手順の説明が行われるので，疑問点は積極的に聞くようにし，心おきなく面接にのぞめるようにしておこう。会社によっては，所定のカードに必要事項を書き込ませたり，お互いに自己紹介をさせたりする場合もある。また，この控え室での行動も細かくチェックして，合否の資料にしている会社もある。

## ●入室・面接開始

　係員がドアの開閉をしてくれる場合もあるが，それ以外は軽くノックして入室し，必ずドアを閉める。そして入口近くで軽く一礼し，面接官か補助員の「どうぞ」という指示で正面の席に進み，ここで再び一礼をする。そして，学校名と氏名を名のって静かに着席する。着席時は，軽く椅子にかけるようにする。

## ●面接終了と退室

　面接の終了が告げられたら，椅子から立ち上がって一礼し，椅子をもとに戻して，面接官または係員の指示を受けて退室する。

　その際も，ドアの前で面接官のほうを向いて頭を下げ，静かにドアを開閉する。控え室に戻ったら，係員の指示を受けて退社する。

## 05 面接試験の評定基準

## ●協調性

　企業という「集団」では，他人との協調性が特に重視される。

　感情や態度が円満で調和がとれていること，極端に好悪の情が激しくなく，物事の見方や考え方が穏健で中立であることなど，職場での人間関係を円滑に進めていくことのできる人物かどうかが評価される。

## ●話し方

　外観印象的には，言語の明瞭さや応答の態度そのものがチェックされる。小さな声で自信のない発言，乱暴野卑な発言は減点になる。

　考えをまとめたら，言葉を選んで話すくらいの余裕をもって，真剣に応答しようとする姿勢が重視される。軽率な応答をしたり，まして発言に矛盾を指摘されるような事態は極力避け，もしそのような状況になりそうなときは，自分の非を認めてはっきりと謝るような態度を示すべき。

## ●好感度

　実社会においては，外観による第一印象が，人間関係や取引に大きく影響を及ぼす。

　「フレッシュな爽やかさ」に加え，入社志望など，自分の意思や希望をより明確にすることで，強い信念に裏づけられた姿勢をアピールできるよう努力したい。

## ●判断力

何を質問されているのか，何を答えようとしているのか，常に冷静に判断していく必要がある。

## ●表現力

話に筋道が通り理路整然としているか，言いたいことが簡潔に言えるか，話し方に抑揚があり聞く者に感銘を与えるか，用語が適切でボキャブラリーが豊富かどうか。

## ●積極性

活動意欲があり，研究心旺盛であること，進んで物事に取り組み，創造的に解決しようとする意欲が感じられること，話し方にファイトや情熱が感じられること，など。

## ●計画性

見通しをもって順序よく合理的に仕事をする性格かどうか，またその能力の有無。企業の将来性のなかに，自分の将来をどうかみ合わせていこうとしているか，現在の自分を出発点として，何を考え，どんな仕事をしたいのか。

## ●安定性

情緒の安定は，社会生活に欠くことのできない要素。自分自身をよく知っているか，他の人に流されない信念をもっているか。

## ●誠実性

自分に対して忠実であろうとしているか，物事に対してどれだけ誠実な考え方をしているか。

## ●社会性

企業は集団活動なので，自分の考えに固執したり，不平不満が多い性格は向かない。柔軟で適応性があるかどうか。

---

**Point**

清潔感や明朗さ，若々しさといった外観面も重視される。

---

## 06 面接試験の質問内容

### 1. 志望動機

受験先の概要や事業内容はしっかりと頭の中に入れておく。また，その企業の企業活動の社会的意義と，自分自身の志望動機との関連を明確にしておく。「安定している」「知名度がある」「将来性がある」といった利己的な動機，「自

分の性格に合っている」というような，あいまいな動機では説得力がない。安定性や将来性は，具体的にどのような企業努力によって支えられているのかという考察も必要だし，それに対する受験者自身の評価や共感なども問われる。

①どうしてその業種なのか

②どうしてその企業なのか

③どうしてその職種なのか

以上の①〜③と，自分の性格や資質，専門などとの関連性を説明できるようにしておく。

自分がどうしてその会社を選んだのか，どこに大きな魅力を感じたのかを，できるだけ具体的に，情熱をもって語ることが重要。自分の長所と仕事の適性を結びつけてアピールし，仕事のやりがいや仕事に対する興味を述べるのもよい。

■複数の企業を受験していることは言ってもいい？

同じ職種，同じ業種で何社かかけもちしている場合，正直に答えてもかまわない。しかし，「第一志望はどこですか」というような質問に対して，正直に答えるべきかどうかというと，やはりこれは疑問がある。どんな会社でも，他社を第一志望にあげられれば，やはり愉快には思わない。

また，職種や業種の異なる会社をいくつか受験する場合も同様で，極端に性格の違う会社をあげれば，その矛盾を突かれるのは必至だ。

## 2. 仕事に対する意識・職業観

採用試験の段階では，次年度の配属予定が具体的に固まっていない会社もかなりある。具体的に職種や部署などを細分化して募集している場合は別だが，そうでない場合は，希望職種をあまり狭く限定しないほうが賢明。どの業界においても，採用後，新入社員には，研修としてその会社の各セクションをひと通り経験させる企業は珍しくない。そのうえで，具体的な配属計画を検討するのだ。

大切なことは，就職や職業というものを，自分自身の生き方の中にどう位置づけるか，また，自分の生活の中で仕事とはどういう役割を果たすのかを考えてみること。つまり自分の能力を活かしたい，社会に貢献したい，自分の存在価値を社会的に実現してみたい，ある分野で何か自分の力を試してみたい……，などの場合を考え，それを自分自身の人生観，志望職種や業種などとの関係を考えて組み立ててみる。自分の人生観をもとに，それを自分の言葉で表現できるようにすることが大切。

## 3. 自己紹介・自己PR

性格そのものを簡単に変えたり，欠点を克服したりすることは実際には難しいが，"仕方がない"という姿勢を見せることは禁物で，どんなささいなことでも，努力している面をアピールする。また一般的にいって，専門職を除けば，就職時になんらかの資格や技能を要求する企業は少ない。

ただ，資格をもっていれば採用に有利とは限らないが，専門性を要する業種では考慮の対象とされるものもある。たとえば英検，簿記など。

企業が学生に要求しているのは，4年間の勉学を重ねた学生が，どのように仕事に有用であるかということで，学生の知識や学問そのものを聞くのが目的ではない。あくまで，社会人予備軍としての謙虚さと素直さを失わないようにする。

知識や学力よりも，その人の人間性，ビジネスマンとしての可能性を重視するからこそ，面接担当者は，学生生活全般について尋ねることで，書類だけでは分からない人間性を探ろうとする。

何かうち込んだものや思い出に残る経験などは，その人の人間的な成長になんらかの作用を及ぼしているものだ。どんな経験であっても，そこから受けた印象や教訓などは，明確に答えられるようにしておきたい。

### 4. 一般常識・時事問題

一般常識・時事問題については筆記試験の分野に属するが，面接でこうしたテーマがもち出されることも珍しくない。受験者がどれだけ社会問題に関心をもっているか，一般常識をもっているか，また物事の見方・考え方に偏りがないかなどを判定する。知識や教養だけではなく，一問一答の応答を通じて，その人の性格や適応能力まで判断されることになる。

## 07 面接に向けての事前準備

### ■面接試験1カ月前までには万全の準備をととのえる

#### ●志望会社・職種の研究

新聞の経済欄や経済雑誌などのほか，会社年鑑，株式情報など書物による研究をしたり，インターネットにあがっている企業情報や，検索によりさまざまな角度から調べる。すでにその会社へ就職している先輩や知人に会って知識を得たり，大学のキャリアセンターへ情報を求めるなどして総合的に判断する。

### ■専攻科目の知識・卒論のテーマなどの整理

大学時代にどれだけ勉強してきたか，専攻科目や卒論のテーマなどを整理しておく。

■**時事問題に対する準備**

　毎日欠かさず新聞を読む。志望する企業の話題は，就職ノートに整理するなどもアリ。

## 面接当日の必需品

❏必要書類（履歴書，卒業見込証明書，成績証明書，健康診断書，推薦状）

❏学生証

❏就職ノート（志望企業ファイル）

❏印鑑，朱肉

❏筆記用具（万年筆，ボールペン，サインペン，シャープペンなど）

❏手帳，ノート

❏地図（訪問先までの交通機関などをチェックしておく）

❏現金（小銭も用意しておく）

❏腕時計（オーソドックスなデザインのもの）

❏ハンカチ，ティッシュペーパー

❏くし，鏡（女性は化粧品セット）

❏シューズクリーナー

❏ストッキング

❏折りたたみ傘（天気予報をチェックしておく）

❏携帯電話，充電器

## ■一般常識試験

> 社会人として企業活動を行ううえで最低限必要となる一般常識のほか，英語，国語，社会(時事問題)，数学などの知識の程度を確認するもの。

　難易度はおおむね中学・高校の教科書レベル。一般常識の問題集を1冊やっておけばよいが，業界によっては専門分野が出題されることもあるため，必ず志望する企業のこれまでの試験内容は調べておく。

## ■一般常識試験の対策

- ・英語　慣れておくためにも，教科書を復習する，英字新聞を読むなど。
- ・国語　漢字，四字熟語，反対語，同音異義語，ことわざをチェック。
- ・時事問題　新聞や雑誌,テレビ,ネットニュースなどアンテナを張っておく。

## ■適性検査

　SPI（Synthetic Personality Inventory）試験（SPI3試験）とも呼ばれ，能力テストと性格テストを合わせたもの。

　能力テストでは国語能力を測る「言語問題」と，数学能力を測る「非言語問題」がある。言語的能力，知覚能力，数的能力のほか，思考・推理能力，記憶力，注意力などの問題で構成されている。

　性格テストは「はい」か「いいえ」で答えていく。仕事上の適性と性格の傾向などが一致しているかどうかをみる。

> SPIは職務への適応性を客観的にみるためのもの。

## 01 「論文」と「作文」

　一般に「論文」はあるテーマについて自分の意見を述べ，その論証をする文章で，必ず意見の主張とその論証という2つの部分で構成される。問題提起と論旨の展開，そして結論を書く。

　「作文」は，一般的には感想文に近いテーマ，たとえば「私の興味」「将来の夢」といったものがある。

　就職試験では「論文」と「作文」を合わせた“論作文”とでもいうようなものが出題されることが多い。

　論作文試験とは，「文章による面接」。テーマに書き手がどういう態度を持っているかを知ることが，出題の主な目的だ。受験者の知識・教養・人生観・社会観・職業観，そして将来への希望などが，どのような思考を経て，どう表現されているかによって，企業にとって，必要な人物かどうかを判断している。

　論作文の場合には，書き手の社会的意識や考え方に加え，「感銘を与える」働きが要求される。就職活動とは，企業に対し「自分をアピールすること」だということを常に念頭に置いておきたい。

**Point**

**論文と作文の違い**

|  | 論　　文 | 作　　文 |
|---|---|---|
| テーマ | 学術的・社会的・国際的なテーマ。時事，経済問題など | 個人的・主観的なテーマ。人生観，職業観など |
| 表現 | 自分の意見や主張を明確に述べる。 | 自分の感想を述べる。 |
| 展開 | 四段型（起承転結）の展開が多い。 | 三段型（はじめに・本文・結び）の展開が多い。 |
| 文体 | 「だ調・である調」のスタイルが多い。 | 「です調・ます調」のスタイルが多い。 |

・テーマ

与えられた課題（テーマ）を，受験者はどのように理解しているか。

出題されたテーマの意義をよく考え，それに対する自分の意見や感情が，十分に整理されているかどうか。

・表現力

課題について本人が感じたり，考えたりしたことを，文章で的確に表しているか。

・字・用語・その他

かなづかいや送りがなが合っているか，文中で引用されている格言やことわざの類が使用法を間違えていないか，さらに誤字・脱字に至るまで，文章の基本的な力が受験者の人柄ともからんで厳密に判定される。

・オリジナリティ

魅力がある文章とは，オリジナリティを率直に出すこと。自分の感情や意見を，自分の言葉で表現する。

・生活態度

文章は，書き手の人格や人柄を映し出す。平素の社会的関心や他人との協調性，趣味や読書傾向はどうであるかといった，受験者の日常における生き方，生活態度がみられる。

・字の上手・下手

できるだけ読みやすい字を書く努力をする。また，制限字数より文章が長くなって原稿用紙の上下や左右の空欄に書き足したりすることは避ける。消しゴムで消す場合にも，丁寧に。

いずれの場合でも，表面的な文章力を問うているのではなく，受験者の人柄のほうを重視している。

# マナーチェックリスト

就活において企業の人事担当は，面接試験やOG／OB訪問，そして面接試験において，あなたのマナーや言葉遣いといった，「常識力」をチェックしている。現在の自分はどのくらい「常識力」が身についているかをチェックリストで振りかえり，何ができて，何ができていないかを明確にしたうえで，今後の取り組みに生かしていこう。

**評価基準** 5：大変良い 4：やや良い 3：どちらともいえない 2：やや悪い 1：悪い

| | 項　目 | 評　価 | メ　モ |
|---|---|---|---|
| 挨拶 | 明るい笑顔と声で挨拶をしているか | | |
| | 相手を見て挨拶をしているか | | |
| | 相手より先に挨拶をしているか | | |
| | お辞儀を伴った挨拶をしているか | | |
| | 直接の応対者でなくても挨拶をしているか | | |
| 表情 | 笑顔で応対しているか | | |
| | 表情に私的感情がでていないか | | |
| | 話しかけやすい表情をしているか | | |
| | 相手の話は真剣な顔で聞いているか | | |
| 身だしなみ | 前髪は目にかかっていないか | | |
| | 髪型は乱れていないか／長い髪はまとめているか | | |
| | 髭の剃り残しはないか／化粧は健康的か | | |
| | 服は汚れていないか／清潔に手入れされているか | | |
| | 機能的で職業・立場に相応しい服装をしているか | | |
| | 華美なアクセサリーはつけていないか | | |
| | 爪は伸びていないか | | |
| | 靴下の色は適当か／ストッキングの色は自然な肌色か | | |
| | 靴の手入れは行き届いているか | | |
| | ポケットに物を詰めすぎていないか | | |

| 項　目 | | 評　価 | メ　モ |
|---|---|---|---|
| 言葉遣い | 専門用語を使わず，相手にわかる言葉で話しているか | | |
| | 状況や相手に相応しい敬語を正しく使っているか | | |
| | 相手の聞き取りやすい音量・速度で話しているか | | |
| | 語尾まで丁寧に話しているか | | |
| | 気になる言葉癖はないか | | |
| 動作 | 物の授受は両手で丁寧に実施しているか | | |
| | 案内・指し示し動作は適切か | | |
| | キビキビとした動作を心がけているか | | |
| 心構え | 勤務時間・指定時間の5分前には準備が完了しているか | | |
| | 心身ともに健康管理をしているか | | |
| | 仕事とプライベートの切替えができているか | | |

## ☑ 常に自己点検をするクセをつけよう

「人を表情やしぐさ，身だしなみなどの見かけで判断してはいけない」と一般にいわれている。確かに，人の個性は見かけだけではなく，内面においても見いだされるもの。しかし，私たちは人を第一印象である程度決めてしまう傾向がある。それが面接試験など初対面の場合であればなおさら。したがって，チェックリストにあるような挨拶，表情，身だしなみ等に注意して面接試験に臨むことはとても重要だ。ただ，これらは面接試験前にちょっと対策したからといって身につくようなものではない。付け焼き刃的な対策をして面接試験に臨んでも，面接官はあっという間に見抜いてしまう。日頃からチェックリストにあるような項目を意識しながら行動することが大事であり，そうすることで，最初はぎこちない挨拶や表情等も，その人の個性に応じたすばらしい所作へ変わっていくことができるのだ。さっそく，本日から実行してみよう。

面接試験において，印象を決定づける表情はとても大事。

どのようにすれば感じのいい表情ができるのか，ポイントを確認していこう。

# 明るく,温和で 柔らかな表情をつくろう

## 人間関係の潤滑油

表情に関しては，まずは豊かである
ということがベースになってくる。う
れしい表情，困った表情，驚いた表
情など，さまざまな気持ちを表現で
きるということが，人間関係を潤いの
あるものにしていく。

**Point**

　表情はコミュニケーションの大前提。相手に「いつでも話しかけてくださ
いね」という無言の言葉を発しているのが，就活に求められる表情だ。面接
官が安心してコミュニケーションをとろうと思ってくれる表情。それが，明
るく，温和で柔らかな表情となる。

# いますぐデキる
# カンタンTraining

## Training 01

### 喜怒哀楽を表してみよう

- 人との出会いを楽しいと思うことが表情の基本
- 表情を豊かにする大前提は相手の気持ちに寄り添うこと
- 目元・口元だけでなく，眉の動きを意識することが大事

## Training 02

### 表情筋のストレッチをしよう

- 表情筋は「ウイスキー」の発音によって鍛える
- 意識して毎日，取り組んでみよう
- 笑顔の共有によって相手との距離が縮まっていく

コミュニケーションは挨拶から始まり，その挨拶ひとつで印象は変わるもの。
ポイントを確認していこう。

# 丁寧にしっかりと
# はっきり挨拶をしよう

## 人間関係の第一歩

挨拶は心を開いて，相手に近づくコ
ミュニケーションの第一歩。たかが
挨拶，されど挨拶の重要性をわきま
えて，きちんとした挨拶をしよう。形，
つまり"技"も大事だが，心をこめ
ることが最も重要だ。

**Point**

　挨拶はコミュニケーションの第一歩。相手が挨拶するのを待っているの
は望ましくない。挨拶の際のポイントは丁寧であることと，はっきり声に出
すことの2つ。丁寧な挨拶は，相手を大事にして迎えている気持ちの表れ
となる。はっきり声に出すことで，これもきちんと相手を迎えていることが
伝わる。また，相手もその応答として挨拶してくれることで，会ってすぐに
双方向のコミュニケーションが成立する。

# いますぐデキる
# カンタンTraining

## Training 01

### 3つのお辞儀をマスターしよう

① 会釈（15度）　　　　② 敬礼（30度）　　　　③ 最敬礼（45度）

・息を吸うことを意識してお辞儀をするとキレイな姿勢に
・目線は真下ではなく，床前方1.5m先ぐらいを見よう
・相手への敬意を忘れずに

## Training 02

### 対面時は言葉が先，お辞儀が後

・相手に体を向けて先に自ら挨拶をする
・挨拶時，相手とアイコンタクトを
　しっかり取ろう
・挨拶の後に，お辞儀をする。
　これを「語先後礼」という

コミュニケーションは「話す」よりも「聞く」ことといわれる。相手が話しやすい聞き方の，ポイントを確認しよう。

受容の立場で
傾聴しよう

### 相手の話を受けとめる

話を聞くときは，やや前に傾く姿勢をとる。表情と姿勢が合わさることにより，話し手の心が開き「あれも，これも話そう」という気持ちになっていく。また，「はい」と一度のお辞儀で頷くと相手の話を受け止めているというメッセージにつながる。

**Point**

　話をすること，話を聞いてもらうことは誰にとってもプレッシャーを伴うもの。そのため，「何でも話して良いんですよ」「何でも話を聞きますよ」「心配しなくて良いんですよ」という気持ちで聞くことが大切になる。その気持ちが聞く姿勢に表れれば，相手は安心して話してくれる。

いますぐデキる
# カンタンTraining

## Training 01

### 頷きは一度で

- 相手が話した後に「はい」と
  一言発する
- 頷きすぎは逆効果

## Training 02

### 目線は自然に

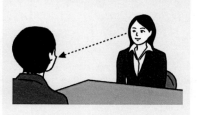

- 鼻の付け根あたりを見ると
  自然な印象に
- 目を見つめすぎるのはNG

## Training 03

### 話の句読点で視線を移す

- 視線は話している人を見ることが基本
- 複数の人の話を聞くときは句読点を意識し，
  視線を振り分けることで聞く姿勢を表す

自分の意思を相手に明確に伝えるためには，話し方が重要となる。はっきりと的確に話すためのポイントを確認しよう。

明るい発声を
心がけよう

### ボリュームを意識して

話すときのポイントとしては，ボリュームを意識することが挙げられる。会議室の一番奥にいる人に声が届くように意識することで，声のボリュームはコントロールされていく。

**Point**

　コミュニケーションとは「伝達」すること。どのようなことも，適当に伝えるのではなく，伝えるべきことがきちんと相手に届くことが大切になる。そのためには，はっきりと，分かりやすく，丁寧に，心を込めて話すこと。言葉だけでなく，表情やジェスチャーを加えることも有効。

# いますぐデキる
# カンタンTraining

## Training 01
## 腹式呼吸で発声練習

・「あえいうえおあお」と発声する
・腹式呼吸は，胸部をなるべく動かさずに，息を吸うときにお腹や腰が膨らむよう意識する呼吸法

## Training 02
## 早口言葉にチャレンジ

おあやや
母親に
お謝り

・「おあやや，母親に，お謝り」と早口で
・口がすぼまった「お」と口が開いた「あ」の発音に，変化をつけられるかがポイント

## Training 03
## ジェスチャーを有効活用

・腰より上でジェスチャーをする
・体から離した位置に手をもっていく
・ジェスチャーをしたら戻すところをさだめておく

身だしなみはその人自身を表すもの。身だしなみの基本について，ポイントを
確認しよう。

# 清潔感,さわやかさを
# 醸し出せるようにしよう

## プロの企業人に
## ふさわしい身だしなみを

信頼感，安心感をもたれる身だしな
みを考えよう。TPOに合わせた服装は，
すなわち"礼"を表している。そして，
身だしなみには、「清潔感」、「品のよさ」、
「控え目である」という，3つのポイ
ントがある。

**Point**

相手との心理的な距離や物理的な距離が遠ければ，コミュニケーションは
成立しにくくなる。見た目が不潔では誰も近付いてこない。身だしなみが
清潔であること，爽やかであることは相手との距離を縮めることにも繋がる。

# いますぐデキる
## カンタンTraining

---

### Training **01**

## 髪型，服装を整えよう

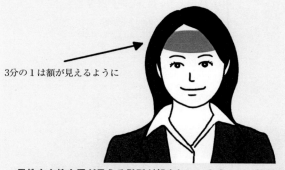

3分の1は額が見えるように

- 男性も女性も眉が見える髪型が望ましい。3分の1は額が見えるように。額は知性と清潔感を伝える場所。男性の髪の長さは耳や襟にかからないように
- スーツで相手の前に立つときは，ボタンはすべて留める。男性の場合は下のボタンは外す

---

### Training **02**

## おしゃれとの違いを明確に

- 爪はできるだけ切りそろえる
- 爪の中の汚れにも注意
- ジェルネイル，ネイルアートはNG

---

### Training **03**

## 足元にも気を配って

- 女性の場合はパンプス，男性の場合は黒の紐靴が望ましい
- 靴はこまめに汚れを落とし見栄えよく

# 実践編 STEP6　姿勢

姿勢にはその人の意欲が反映される。前向き，活動的な姿勢を表すにはどうしたらよいか，ポイントを確認しよう。

## 前向き,活動的な姿勢を維持しよう

### 一直線と左右対称

正しい立ち姿として，耳，肩，腰，くるぶしを結んだ線が一直線に並んでいることが最大のポイントになる。そのラインが直線に近づくほど立ち姿がキレイに整っていることになる。また，"左右対称"というのもキレイな姿勢の要素のひとつになる。

## Point

　姿勢は，身体と心の状態を反映するもの。そのため，良い姿勢でいることは，印象が清々しいだけでなく，健康で元気そうに見え，話しかけやすさにも繋がる。歩く姿勢，立つ姿勢，座る姿勢など，どの場面にも心身の健康状態が表れるもの。日頃から心身の健康状態に気を配り，フィジカルとメンタル両面の自己管理を心がけよう。

# いますぐデキる
# カンタンTraining

## Training 01

### キレイな歩き方を心がけよう

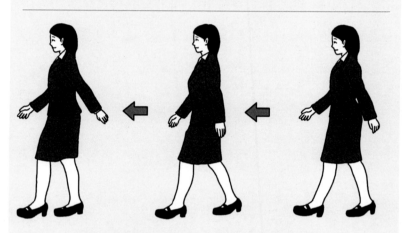

- 女性は1本の線上を，男性はそれよりも太い線上を沿うように歩く
- 一歩踏み出したときに前の足に体重を乗せるように，腰から動く
- 12時の方向につま先をもっていく

## Training 02

### 前向きな気持ちを持とう

- 常に前向きな気持ちが姿勢を正す
- ポジティブ思考を心がけよう

言葉遣いの正しさはとは，場面にあった言葉を遣うということ。相手を気づかいながら，言葉を選ぶことで，より正しい言葉に近づいていく。

# 相手と場面に合わせた
# ふさわしい言葉遣いを

次の文は接客の場面でよくある間違えやすい敬語です。
それぞれの言い方は○×どちらでしょうか。

問1「資料をご拝読いただきありがとうございます」

問2「こちらのパンフレットはもういただかれましたか？」

問3「恐れ入りますが，こちらの用紙にご記入してください」

問4「申し訳ございませんが，来週，休ませていただきます」

問5「先ほどの件，帰りましたら上司にご報告いたしますので」

**Point**

　ビジネスのシーンに敬語は欠くことができない。何度もやり取りをしていく中で，親しさの度合いによっては，あえてくだけた表現を用いることもあるが，「親しき仲にも礼儀あり」と言われるように，敬意や心づかいをおろそかにしてはいけないもの。相手に誤解されたり，相手の気分を壊すことのないように，相手や場面にふさわしい言葉遣いが大切になる。

## 問1 （×） ○正しい言い換え例

→ 「ご覧いただきありがとうございます」 など

「拝読」は自分が「読む」意味の謙譲語なので，相手の行為に使うのは誤り。読むと見るは同義なため，多く，見るの尊敬語「ご覧になる」が用いられる。

## 問2 （×） ○正しい言い換え例

→ 「お持ちですか」「お渡ししましたでしょうか」 など

「いただく」は，食べる・飲む・もらうの謙譲語。「もらったかどうか」と聞きたいのだから，「おもらいになりましたか」と言えないこともないが，持っているかどうか，受け取ったかどうかという意味で「お持ちですか」などが使われることが多い。また，自分側が渡すような場合は，「お渡しする」を使って「お渡ししましたでしょうか」などの言い方に換えることもできる。

## 問3 （×） ○正しい言い換え例

→ 「恐れ入りますが，こちらの用紙にご記入ください」 など

「ご記入する」の「お（ご）〜する」は謙譲語の形。相手の行為を謙譲語で表すことになるため誤り。「して」を取り除いて「ご記入ください」か，和語に言い換えて「お書きください」とする。ほかにも「お書き／ご記入・いただけますでしょうか・願います」などの表現もある。

## 問4 （△）

有給休暇を取る場合や，弔事等で休むような場面で，用いられることも多い。「休ませていただく」ということで一見丁寧に響くが，「来週休むと自分で休みを決めている」という勝手な表現にも受け取られかねない言葉だ。ここは同じ「させていただく」を用いても，相手の都合をうかがう言い方に換えて「○○がございまして，申し訳ございませんが，休みをいただいてもよろしいでしょうか」などの言い換えが好ましい。

## 問5 （×）○正しい言い換え例

→ 「上司に報告いたします」

「ご報告いたします」は，ソトの人との会話で使うとするならば誤り。「ご報告いたします」の「お・ご〜いたす」は，「お・ご〜する」と「〜いたす」という2つの敬語を含む言葉。そのうちの「お・ご〜する」は，主語である自分を低めて相手＝上司を高める働きをもつ表現（謙譲語Ⅰ）。一方「〜いたす」は，主語の私を低めて，話の聞き手に対して丁重に述べる働きをもつ表現（謙譲語Ⅱ　丁重語）。「お・ご〜する」も「〜いたす」も同じ謙譲語であるため紛らわしいが，主語を低める（謙譲）という働きは同じでも，行為の相手を高める働きがあるかないかという点に違いがあるといえる。

敬語は正しく使用することで，相手の印象を大きく変えることができる。尊敬語，謙譲語の区別をはっきりつけて，誤った用法で話すことのないように気をつけよう。

# 言葉の使い方が
# マナーを表す!

■よく使われる尊敬語の形　「言う・話す・説明する」の例

| 専用の尊敬語型 | おっしゃる |
|---|---|
| ～れる・～られる型 | 言われる・話される・説明される |
| お（ご）～になる型 | お話しになる・ご説明になる |
| お（ご）～なさる型 | お話しなさる・ご説明なさる |

■よく使われる謙譲語の形　「言う・話す・説明する」の例

| 専用の謙譲語型 | 申す・申し上げる |
|---|---|
| お（ご）～する型 | お話しする・ご説明する |
| お（ご）～いたす型 | お話しいたします・ご説明いたします |

## Point

　同じ尊敬語・謙譲語でも，よく使われる代表的な形がある。ここではその一例をあげてみた。敬語の使い方に迷ったときなどは，まずはこの形を思い出すことで，大抵の語はこの型にはめ込むことができる。同じ言葉を用いたほうがよりわかりやすいといえるので，同義に使われる「言う・話す・説明する」を例に考えてみよう。

　ほかにも「お話しくださる」や「お話しいただく」「お元気でいらっしゃる」などの形もあるが，まずは表の中の形を見直そう。

■よく使う動詞の尊敬語・謙譲語

なお，尊敬語の中の「言われる」などの「れる・られる」を付けた形は省力している。

| 基本 | 尊敬語（相手側） | 謙譲語（自分側） |
|---|---|---|
| 会う | お会いになる | お目にかかる・お会いする |
| 言う | おっしゃる | 申し上げる・申す |
| 行く・来る | いらっしゃる<br>おいでになる<br>お見えになる<br>お越しになる<br>お出かけになる | 伺う・参る<br>お伺いする・参上する |
| いる | いらっしゃる・おいでになる | おる |
| 思う | お思いになる | 存じる |
| 借りる | お借りになる | 拝借する・お借りする |
| 聞く | お聞きになる | 拝聴する<br>拝聞する<br>お伺いする・伺う<br>お聞きする |
| 知る | ご存じ（知っているという意で） | 存じ上げる・存じる |
| する | なさる | いたす |
| 食べる・飲む | 召し上がる・お召し上がりになる<br>お飲みになる | いただく・頂戴する |
| 見る | ご覧になる | 拝見する |
| 読む | お読みになる | 拝読する |

「お伺いする」「お召し上がりになる」などは，「伺う」「召し上がる」自体が敬語なので
「二重敬語」ですが，慣習として定着しており間違いではないもの。

╭─Point─
　上記の「敬語表」は，よく使うと思われる動詞をそれぞれ尊敬語・謙譲語
で表したもの。このように大体の言葉は型にあてはめることができる。言
葉の中には「お（ご）」が付かないものもあるが，その場合でも「～なさる」
を使って，「スピーチなさる」や「運営なさる」などと言うことができる。ま
た，表では，「言う」の尊敬語「言われる」の例は省いているが，れる・ら
れる型の「言われる」よりも「おっしゃる」「お話しになる」「お話しなさる」
などの言い方のほうが，より敬意も高く，言葉としても何となく響きが落ち
着くといった印象を受けるものとなる。

会話は相手があってのこと。いかなる場合でも，相手に対する心くばりを忘れないことが，会話をスムーズに進めるためのコツになる。

# 心くばりを添えるひと言で言葉の印象が変わる!

　相手に何かを頼んだり，また相手の依頼を断ったり，相手の抗議に対して反論したりする場面では，いきなり自分の意見や用件を切り出すのではなく，場面に合わせて心くばりを伝えるひと言を添えてから本題に移ると，響きがやわらかくなり，こちらの意向も伝えやすくなる。俗にこれは「クッション言葉」と呼ばれている。（右表参照）

## Point

　ビジネスの場面で，相手と話したり手紙やメールを送る際には，何か依頼事があってという場合が多いもの。その場合に「ちょっとお願いなんですが…」では，ふだんの会話と変わりがないものになってしまう。そこを「突然のお願いで恐れ入りますが」「急にご無理を申しまして」「こちらの勝手で恐縮に存じますが」「折り入ってお願いしたいことがございまして」などの一言を添えることで，直接的なきつい感じが和らぐだけでなく，「申し訳ないのだけれど，もしもそうしていただくことができればありがたい」という，相手への配慮や願いの気持ちがより強まる。このような前置きの言葉もうまく用いて，言葉に心くばりを添えよう。

| | |
|---|---|
| 相手の意向を尋ねる場合 | 「よろしければ」「お差し支えなければ」 |
| | 「ご都合がよろしければ」「もしお時間がありましたら」 |
| | 「もしお嫌いでなければ」「ご興味がおありでしたら」 |
| 相手に面倒を<br>かけてしまうような場合 | 「お手数をおかけしますが」 |
| | 「ご面倒をおかけしますが」 |
| | 「お手を煩わせまして恐縮ですが」 |
| | 「お忙しい時に申し訳ございませんが」 |
| | 「お時間を割いていただき申し訳ありませんが」 |
| | 「貴重なお時間を頂戴し恐縮ですが」 |
| 自分の都合を<br>述べるような場合 | 「こちらの勝手で恐縮ですが」 |
| | 「こちらの都合（ばかり）で申し訳ないのですが」 |
| | 「私どもの都合ばかりを申しまして，まことに申し訳なく存じますが」 |
| | 「ご無理を申し上げまして恐縮ですが」 |
| 急な話をもちかけた場合 | 「突然のお願いで恐れ入りますが」 |
| | 「急にご無理を申しまして」 |
| | 「もっと早くにご相談申し上げるべきところでございましたが」 |
| | 「差し迫ってのことでまことに申し訳ございませんが」 |
| 何度もお願いする場合 | 「たびたびお手数をおかけしまして恐縮に存じますが」 |
| | 「重ね重ね恐縮に存じますが」 |
| | 「何度もお手を煩わせまして申し訳ございませんが」 |
| | 「ご面倒をおかけしてばかりで，まことに申し訳ございませんが」 |
| 難しいお願いをする場合 | 「ご無理を承知でお願いしたいのですが」 |
| | 「たいへん申し上げにくいのですが」 |
| | 「折り入ってお願いしたいことがございまして」 |
| あまり親しくない相手に<br>お願いする場合 | 「ぶしつけなお願いで恐縮ですが」 |
| | 「ぶしつけながら」 |
| | 「まことに厚かましいお願いでございますが」 |
| 相手の提案・誘いを断る場合 | 「申し訳ございませんが」 |
| | 「（まことに）残念ながら」 |
| | 「せっかくのご依頼ではございますが」 |
| | 「たいへん恐縮ですが」 |
| | 「身に余るお言葉ですが」 |
| | 「まことに失礼とは存じますが」 |
| | 「たいへん心苦しいのですが」 |
| | 「お引き受けしたいのはやまやまですが」 |
| 問い合わせの場合 | 「つかぬことをうかがいますが」 |
| | 「突然のお尋ねで恐縮ですが」 |

ここでは文章の書き方における，一般的な敬称について言及している。はがき，手紙，メール等，通信手段はさまざま。それぞれの特性をふまえて有効活用しよう。

# 相手の気持ちになって
# 見やすく美しく書こう

■敬称のいろいろ

| 敬称 | 使う場面 | 例 |
|---|---|---|
| 様 | 職名・役職のない個人 | （例）飯田知子様／ご担当者様／経理部長　佐藤一夫様 |
| 殿 | 職名・組織名・役職のある個人（公用文など） | （例）人事部長殿／教育委員会殿／田中四郎殿 |
| 先生 | 職名・役職のない個人 | （例）松井裕子先生 |
| 御中 | 企業・団体・官公庁などの組織 | （例）○○株式会社御中 |
| 各位 | 複数あてに同一文書を出すとき | （例）お客様各位／会員各位 |

**Point**

　封筒・はがきの表書き・裏書きは縦書きが基本だが，洋封筒で親しい人にあてる場合は，横書きでも問題ない。いずれにせよ，定まった位置に，丁寧な文字でバランス良く，正確に記すことが大切。特に相手の住所や名前を乱雑な文字で書くのは，配達の際の間違いを引き起こすだけでなく，受け取る側に不快な思いをさせる。相手の気持ちになって，見やすく美しく書くよう心がけよう。

## ■各通信手段の長所と短所

| | 長所 | 短所 | 用途 |
|---|---|---|---|
| 封書 | ・封を開けなければ本人以外の目に触れることがない。<br>・丁寧な印象を受ける。 | ・多量の資料・画像送付には不向き。<br>・相手に届くまで時間がかかる。 | ・儀礼的な文書（礼状・わび状など）<br>・目上の人あMへMの文書<br>・重要な書類<br>・他人に内容を読まれたくない文書 |
| はがき・カード | ・封書よりも気軽にやり取りできる。<br>・年賀状や季節の便り，旅先からの連絡など絵はがきとしても楽しむことができる。 | ・封に入っていないため，第三者の目に触れることがある。<br>・中身が見えるので，改まった礼状やわび状，こみ入った内容には不向き。<br>・相手に届くまで時間がかかる。 | ・通知状　　　・案内状<br>・送り状　　　・旅先からの便り<br>・各種お祝い　・お礼<br>・季節の挨拶 |
| FAX | ・手書きの図やイラストを文章といっしょに送れる。<br>・すぐに届く。<br>・控えが手元に残る。 | ・多量の資料の送付には不向き。<br>・事務的な用途で使われることが多く，改まった内容の文書，初対面の人へは不向き。 | ・地図，イラストの入った文書<br>・印刷物（本・雑誌など） |
| 電話 | ・急ぎの連絡に便利。<br>・相手の反応をすぐに確認できる。<br>・直接声が聞けるので，安心感がある。 | ・連絡できる時間帯が制限される。<br>・長々としたこみ入った内容は伝えづらい。 | ・緊急の用件<br>・確実に用件を伝えたいとき |
| メール | ・瞬時に届く。　・控えが残る。<br>・コストが安い。<br>・大容量の資料や画像をデータで送ることができる。<br>・一度に大勢の人に送ることができる。<br>・相手の居場所や状況を気にせず送れる。 | ・事務的な印象を与えるので，改まった礼状やわび状には不向き。<br>・パソコンや携帯電話を持っていない人には送れない。<br>・ウィルスなどへの対応が必要。 | ・データで送りたいとき<br>・ビジネス上の連絡 |

---

**Point**

　はがきは手軽で便利だが，おわびやお願い，格式を重んじる手紙には不向きとなる。この種の手紙は内容もこみ入ったものとなり，加えて丁寧な文章で書かなければならないので，数行で済むことはまず考えられない。また，封筒に入っていないため，他人の目に触れるという難点もある。このように，はがきにも長所と短所があるため，使う場面や相手によって，他の通信手段と使い分けることが必要となる。

　はがき以外にも，封書・電話・ＦＡＸ・メールなど，現代ではさまざまな通信手段がある。上に示したように，それぞれ長所と短所があるので，特徴を知って用途によって上手に使い分けよう。

社会人のマナーとして，電話応対のスキルは必要不可欠。まずは失礼なく電話に出ることからはじめよう。積極性が重要だ。

# 相手の顔が見えない分
# 対応には細心の注意を

■電話をかける場合

### ①　○○先生に電話をする

× 「私，□□社の××と言いますが，○○様はおられますでしょうか？」

○ **「××と申しますが，○○様はいらっしゃいますか？」**

「おられますか」は「おる」を謙譲語として使うため，通常は相手がいるかどうかに関しては，「いらっしゃる」を使うのが一般的。

### ②　相手の状況を確かめる

× 「こんにちは，××です，先日のですね…」

○ **「××です，先日は有り難うございました，今お時間よろしいでしょうか？」**

相手が忙しくないかどうか，状況を聞いてから話を始めるのがマナー。また，やむを得ず夜間や早朝，休日などに電話をかける際は，「夜分（朝早く）に申し訳ございません」「お休みのところ恐れ入ります」などのお詫びの言葉もひと言添えて話す。

### ③　相手が不在，何時ごろ戻るかを聞く場合

× 「戻りは何時ごろですか？」

○ **「何時ごろお戻りになりますでしょうか？」**

「戻り」はそのままの言い方，相手にはきちんと尊敬語を使う。

### ④　また自分からかけることを伝える

× 「そうですか，ではまたかけますので」

○ **「それではまた後ほど（改めて）お電話させていただきます」**

戻る時間がわかる場合は，「またお戻りになりましたころにでも」「また午後にでも」などの表現もできる。

■電話を受ける場合

### ① 電話を取ったら

× 「はい，もしもし，○○（社名）ですが」

○ **「はい，○○（社名）でございます」**

### ② 相手の名前を聞いて

× 「どうも，どうも」

○ **「いつもお世話になっております」**

あいさつ言葉として定着している決まり文句ではあるが，日頃のお付き合いがあってこそ。あいさつ言葉もきちんと述べよう。「お世話様」という言葉も時折耳にするが，敬意が軽い言い方となる。適切な言葉を使い分けよう。

### ③ 相手が名乗らない

× 「どなたですか？」「どちらさまですか？」

○ **「失礼ですが，お名前をうかがってもよろしいでしょうか？」**

名乗るのが基本だが，尋ねる態度も失礼にならないように適切な応対を心がけよう。

### ④ 電話番号や住所を教えてほしいと言われた場合

× 「はい，いいでしょうか？」　　　× 「メモのご用意は？」

○ **「はい，申し上げます，よろしいでしょうか？」**

「メモのご用意は？」は，一見親切なようにも聞こえるが，尋ねる相手も用意していることがほとんど。押し付けがましくならない程度に。

### ⑤ 上司への取次を頼まれた場合

× 「はい，今代わります」　　　× 「○○部長ですね，お待ちください」

○ **「部長の○○でございますね，ただいま代わりますので，少々お待ちくださいませ」**

○○部長という表現は，相手側の言い方となる。自分側を述べる場合は，「部長の○○」「○○」が適切。

---

*Point*

自分から電話をかける場合は，まずは自分の会社名や氏名を名乗るのがマナー。たとえ目的の相手が直接出た場合でも，電話では相手の様子が見えないことがほとんど。自分の勝手な判断で話し始めるのではなく，相手の都合を伺い，そのうえで話を始めるのが社会人として必要な気配りとなる。

# デキるオトナをアピール
## 時候の挨拶

| 月 | 漢語調の表現 候、みぎりなどを付けて用いられます | 口語調の表現 |
|---|---|---|
| 1月 (睦月) | 初春・新春 頌春・小寒・大寒・厳寒 | 皆様におかれましては、よき初春をお迎えのことと存じます／厳しい寒さが続いております／珍しく暖かな寒の入りとなりました／大寒という言葉通りの厳しい寒さでございます |
| 2月 (如月) | 春寒・余寒・残寒・立春・梅花・向春 | 立春とは名ばかりの寒さ厳しい毎日でございます／梅の花もちらほらとふくらみ始め、春の訪れを感じる今日この頃です／春の訪れが待ち遠しいのごろでございます |
| 3月 (弥生) | 早春・浅春・春寒・春分・春暖 | 寒さもようやくゆるみ、日ましに春めいてまいりました／ひと雨ごとに春めいてまいりました／日増しに暖かさが加わってまいりました |
| 4月 (卯月) | 春暖・陽春・桜花・桜花爛漫 | 桜花爛漫の季節を迎えました／春光うららかな好季節となりました／花冷えとでも申しましょうか、何だか肌寒い日が続いております |
| 5月 (皐月) | 新緑・薫風・惜春・晩春・立夏・若葉 | 風薫るさわやかな季節を迎えました／木々の緑が目にまぶしいようでございます／目に青葉、山ほととぎす、初鰹の句も思い出される季節となりました |
| 6月 (水無月) | 梅雨・向暑・初夏・薄暑・麦秋 | 初夏の風もさわやかな毎日でございます／梅雨前線が近づいてまいりました／梅雨の晴れ間にのぞく青空は、まさに夏を思わせるようです |
| 7月 (文月) | 盛夏・大暑・炎暑・酷暑・猛暑 | 梅雨が明けたとたん、うだるような暑さが続いております／長い梅雨も明け、いよいよ本格的な夏がやってまいりました／風鈴の音がわずかに涼を運んでくれているようです |
| 8月 (葉月) | 残暑・晩夏・処暑・秋暑 | 立秋とはほんとうに名ばかりの厳しい暑さの毎日です／残暑たえがたい毎日でございます／朝夕はいくらかしのぎやすくなってまいりました |
| 9月 (長月) | 初秋・新秋・爽秋・新涼・清涼 | 九月に入りましてもなお、日差しの強い毎日です／暑さもやっとおとろえはじめたようでございます／残暑も去り、ずいぶんとしのぎやすくなってまいりました |
| 10月 (神無月) | 清秋・錦秋・秋涼・秋冷・寒露 | 秋風もさわやかな過ごしやすい季節となりました／街路樹の葉も日ごとに色を増しております／紅葉の便りの聞かれるころとなりました／秋深く、日増しに冷気も加わってまいりました |
| 11月 (霜月) | 晩秋・暮秋・霜降・初霜・向寒 | 立冬を迎え、まさに冬到来を感じる寒さです／木枯らしの季節になりました／日ごとに冷気が増すようでございます／朝夕はひときわ冷え込むようになりました |
| 12月 (師走) | 寒冷・初冬・師走・歳晩 | 師走を迎え、何かと慌ただしい日々をお過ごしのことと存じます／年の瀬も押しつまり、何かとお忙しくお過ごしのことと存じます／今年も残すところわずかとなりました、お忙しい毎日とお察しいたします |

# いますぐデキる
# シチュエーション別会話例

## シチュエーション1　取引先との会話

### 「非常に素晴らしいお話で感心しました」→NG！

「感心する」は相手の立派な行為や，優れた技量などに心を動かされるという意味。意味としては間違いではないが，目上の人に用いると，偉そうに聞こえかねない表現。「感動しました」などに言い換えるほうが好ましい。

## シチュエーション2　子どもとの会話

### 「お母さんは，明日はいますか？」→NG！

たとえ子どもとの会話でも，子どもの年齢によっては，ある程度の敬語を使うほうが好ましい。「明日はいらっしゃいますか」では，むずかしすぎると感じるならば，「お出かけですか」などと表現することもできる。

## シチュエーション3　同僚との会話

### 「今，お暇ですか」→NG？

同じ立場同士なので，暇に「お」が付いた形で「お暇」ぐらいでも構わないともいえるが，「暇」というのは，するべきことも何もない時間という意味。そのため「お暇ですか」では，あまりにも直接的になってしまう。その意味では「手が空いている」→「空いていらっしゃる」→「お手透き」などに言い換えることで，やわらかく敬意も含んだ表現になる。

## シチュエーション4　上司との会話

### 「なるほどですね」→NG！

「なるほど」とは，相手の言葉を受けて，自分も同意見であることを表すため，相手の言葉・意見を自分が評価するというニュアンスも含まれている。そのため自分が評価して述べているという偉そうな表現にもなりかねない。同じ同意ならば，頷き「おっしゃる通りです」などの言葉のほうが誤解なく伝わる。

# 就活スケジュールシート

## ■年間スケジュールシート

| 1月 | 2月 | 3月 | 4月 | 5月 | 6月 |
|---|---|---|---|---|---|
| **企業関連スケジュール** | | | | | |
| | | | | | |
| **自己の行動計画** | | | | | |
| | | | | | |

就職活動をすすめるうえで，当然重要になってくるのは，自己のスケジュール管理だ。企業の選考スケジュールを把握することも大切だが，自分のペースで進めることになる自己分析や業界・企業研究，面接試験のトレーニング等の計画を立てることも忘れてはいけない。スケジュールシートに「記入」する作業を通して，短期・長期の両方の面から就職試験を考えるきっかけにしよう。

| 7月 | 8月 | 9月 | 10月 | 11月 | 12月 |
|---|---|---|---|---|---|
| 企業関連スケジュール | | | | | |
|  |  |  |  |  |  |
| 自己の行動計画 | | | | | |
|  |  |  |  |  |  |

# 第**4**章

## SPI対策

ほとんどの企業では，基本的な資質や能力を見極める
ため適性検査を実施しており，現在最も使われている
のがリクルートが開発した「SPI」である。

テストの内容は，「言語能力」「非言語能力」「性格」
の3つに分かれている。その人がどんな人物で，どん
な仕事で力を発揮しやすいのか，また，どんな組織に
なじみやすいかなどを把握するために行われる。

この章では，SPIの「言語能力」及び「非言語能力」の
分野で，頻出内容を絞って，演習問題を構成している。
演習問題に複数回チャレンジし，解説をしっかりと熟
読して，学習効果を高めよう。

# SPI 対策

## ●SPIとは

　SPIは，Synthetic Personality Inventoryの略称で，株式会社リクルートが開発・販売を行っている就職採用向けのテストである。昭和49年から提供が始まり，平成14年と平成25年の2回改訂が行われ，現在はSPI3が最新になる。

　SPIは，応募者の仕事に対する適性，職業の適性能力，興味や関心を見極めるのに適しており，現在の就職採用テストでは主流となっている。

　SPIは，「知的能力検査」と「性格検査」の2領域にわけて測定され，知的能力検査は「言語能力検査（国語）」と「非言語能力検査（数学）」に分かれている。オプション検査として，「英語（ENG）検査」を実施することもある。性格適性検査では，性格を細かく分析するために，非常に多くの質問が出される。SPIの性格適性検査では，正式な回答はなく，全ての質問に正直に答えることが重要である。

　本章では，その中から，「言語能力検査」と「非言語能力検査」に絞って収録している。

## ●SPIを利用する企業の目的

①：志望者から人数を絞る

　一部上場企業にもなると，数万単位の希望者が応募してくる。基本的な資質能力や会社への適性能力を見極めるため，SPIを使って，人数の絞り込みを行う。

②：知的能力を見極める

　SPIは，応募者1人1人の基本的な知的能力を比較することができ，それによって，受検者の相対的な知的能力を見極めることが可能になる。

③：性格をチェックする

　その職種に対する適性があるが，300程度の簡単な質問によって発想力やパーソナリティを見ていく。性格検査なので，正解というものはなく，正直に回答していくことが重要である。

## ●SPIの受検形式

　SPIは，企業の会社説明会や会場で実施される「ペーパーテスト形式」と，パソコンを使った「テストセンター形式」とがある。

　近年，ペーパーテスト形式は減少しており，ほとんどの企業が，パソコンを使ったテストセンター形式を採用している。志望する企業がどのようなテストを採用しているか，早めに確認し，対策を立てておくこと。

## ●SPIの出題形式

　SPIは，言語分野，非言語分野，英語（ENG），性格適性検査に出題形式が分かれている。

| 科目 | 出題範囲・内容 |
|---|---|
| 言語分野 | 二語の関係，語句の意味，語句の用法，文の並び換え，空欄補充，熟語の成り立ち，文節の並び換え，長文読解　等 |
| 非言語分野 | 推論，場合の数，確率，集合，損益算，速度算，表の読み取り，資料の読み取り，長文読み取り　等 |
| 英語（ENG） | 同意語，反意語，空欄補充，英英辞書，誤文訂正，和文英訳，長文読解　等 |
| 性格適性検査 | 質問：300問程度　時間：約35分 |

## ●受検対策

　本章では，出題が予想される問題を厳選して収録している。問題と解答だけではなく，詳細な解説も収録しているので，分からないところは複数回問題を解いてみよう。

# 言語分野

二語関係

## 同音異義語

●**あいせき**
哀惜　死を悲しみ惜しむこと
愛惜　惜しみ大切にすること

●**いぎ**
意義　意味・内容・価値
異議　他人と違う意見
威儀　いかめしい挙動
異義　異なった意味

●**いし**
意志　何かをする積極的な気持ち
意思　しようとする思い・考え

●**いどう**
異同　異なり・違い・差
移動　場所を移ること
異動　地位・勤務の変更

●**かいこ**
懐古　昔を懐かしく思うこと
回顧　過去を振り返ること
解雇　仕事を辞めさせること

●**かいてい**
改訂　内容を改め直すこと
改定　改めて定めること

●**かんしん**
関心　気にかかること
感心　心に強く感じること
歓心　嬉しいと思う心

寒心　肝を冷やすこと

●**きてい**
規定　規則・定め
規程　官公庁などの規則

●**けんとう**
見当　だいたいの推測・判断・
　　　めあて
検討　調べ究めること

●**こうてい**
工程　作業の順序
行程　距離・みちのり

●**じき**
直　　すぐに
時期　時・折り・季節
時季　季節・時節
時機　適切な機会

●**しゅし**
趣旨　趣意・理由・目的
主旨　中心的な意味

●**たいけい**
体型　人の体格
体形　人や動物の形態
体系　ある原理に基づき個々のも
　　　のを統一したもの
大系　系統立ててまとめた叢書

●**たいしょう**

対象　行為や活動が向けられる相手

対称　対応する位置にあること

対照　他のものと照らし合わせること

●たんせい

端正　人の行状が正しくきちんとしているさま

端整　人の容姿が整っているさま

●はんざつ

繁雑　ごたごたと込み入ること

煩雑　煩わしく込み入ること

●ほしょう

保障　保護して守ること

保証　確かだと請け合うこと

補償　損害を補い償うこと

●むち

無知　知識・学問がないこと

無恥　恥を知らないこと

●ようけん

要件　必要なこと

用件　なすべき仕事

## 同訓漢字

●あう

合う…好みに合う。答えが合う。

会う…客人と会う。立ち会う。

遭う…事故に遭う。盗難に遭う。

●あげる

上げる…プレゼントを上げる。効果を上げる。

挙げる…手を挙げる。全力を挙げる。

揚げる…凧を揚げる。てんぷらを揚げる。

●あつい

暑い…夏は暑い。暑い部屋。

熱い…熱いお湯。熱い視線を送る。

厚い…厚い紙。面の皮が厚い。

篤い…志の篤い人。篤い信仰。

●うつす

写す…写真を写す。文章を写す。

映す…映画をスクリーンに映す。鏡に姿を映す。

●おかす

冒す…危険を冒す。病に冒された人。

犯す…犯罪を犯す。法律を犯す。

侵す…領空を侵す。プライバシーを侵す。

●おさめる

治める…領地を治める。水を治める。

収める…利益を収める。争いを収める。

修める…学問を修める。身を修める。

納める…税金を納める。品物を納める。

●かえる

変える…世界を変える。性格を変える。

代える…役割を代える。背に腹は代えられぬ。

替える…円をドルに替える。服を
　　　　替える。

●きく
聞く…うわさ話を聞く。明日の天
　　　気を聞く。
聴く…音楽を聴く。講義を聴く。

●しめる
閉める…門を閉める。ドアを閉め
　　　　る。
締める…ネクタイを締める。気を
　　　　引き締める。
絞める…首を絞める。絞め技をか
　　　　ける。

●すすめる
進める…足を進める。話を進める。
勧める…縁談を勧める。加入を勧
　　　　める。
薦める…生徒会長に薦める。

●つく
付く…傷が付いた眼鏡。気が付く。
着く…待ち合わせ場所の公園に着
　　　く。地に足が着く。

就く…仕事に就く。外野の守備に
　　　就く。

●つとめる
務める…日本代表を務める。主役
　　　　を務める。
努める…問題解決に努める。療養
　　　　に努める。
勤める…大学に勤める。会社に勤
　　　　める。

●のぞむ
望む…自分の望んだ夢を追いかけ
　　　る。
臨む…記者会見に臨む。決勝に臨
　　　む。

●はかる
計る…時間を計る。将来を計る。
測る…飛行距離を測る。水深を測
　　　る。

●みる
見る…月を見る。ライオンを見る。
診る…患者を診る。脈を診る。

## 演習問題

1 　カタカナで記した部分の漢字として適切なものはどれか。
　1　手続きがハンザツだ　　　　　　【汎雑】
　2　誤りをカンカすることはできない　【観過】
　3　ゲキヤクなので取扱いに注意する　【激薬】
　4　クジュウに満ちた選択だった　　　【苦重】
　5　キセイの基準に従う　　　　　　　【既成】

**2** 下線部の漢字として適切なものはどれか。

家で飼っている熱帯魚を<u>かんしょう</u>する。

1 干渉
2 観賞
3 感傷
4 勧奨
5 鑑賞

**3** 下線部の漢字として適切なものはどれか。

彼に責任を<u>ついきゅう</u>する。

1 追窮
2 追究
3 追給
4 追求
5 追及

**4** 下線部の語句について，両方とも正しい表記をしているものはどれか。

1 私と母とは<u>相生</u>がいい。 ・この歌を<u>愛唱</u>している。
2 それは<u>規成</u>の事実である。 ・<u>既製</u>品を買ってくる。
3 同音<u>異義</u>語を見つける。 ・会議で<u>意議</u>を申し立てる。
4 選挙の<u>大勢</u>が決まる。 ・作曲家として<u>大成</u>する。
5 <u>無常</u>の喜びを味わう。 ・<u>無情</u>にも雨が降る。

**5** 下線部の漢字として適切なものはどれか。

彼の体調は<u>かいほう</u>に向かっている。

1 介抱
2 快方
3 解放
4 回報
5 開放

## ⓵ 5

**解説**　1　「煩雑」が正しい。「汎」は「汎用(はんよう)」などと使う。
2　「看過」が正しい。「観」は「観光」や「観察」などと使う。　3　「劇薬」
が正しい。「少量の使用であってもはげしい作用のするもの」という意味
であるが「激」を使わないことに注意する。　4　「苦渋」が正しい。苦し
み悩むという意味で、「苦悩」と同意であると考えてよい。　5　「既成概
念」などと使う場合もある。同音で「既製」という言葉があるが、これは
「既製服」や「既製品」という言葉で用いる。

## ⓶ 2

**解説**　同音異義語や同訓異字の問題は、その漢字を知っているだけで
は対処できない。「植物や魚などの美しいものを見て楽しむ」場合は「観
賞」を用いる。なお、「芸術作品」に関する場合は「鑑賞」を用いる。

## ⓷ 5

**解説**　「ついきゅう」は、特に「追究」「追求」「追及」が頻出である。「追
究」は「あることについて徹底的に明らかにしようとすること」、「追求」
は「あるものを手に入れようとすること」、「追及」は「後から厳しく調べ
ること」という意味である。ここでは、「責任」という言葉の後にあるので、
「厳しく」という意味が含まれている「追及」が適切である。

## ⓸ 4

**解説**　1の「相生」は「相性」、2の「規成」は「既成」、3の「意議」は「異
議」、5の「無常」は「無上」が正しい。

## ⓹ 2

**解説**　「快方」は「よい方向に向かっている」という意味である。なお、
1は病気の人の世話をすること、3は束縛を解いて自由にすること、4は
複数人で回し読む文書、5は出入り自由として開け放つ、の意味。

## 四字熟語

□曖昧模糊　あいまいもこ―はっきりしないこと。

□阿鼻叫喚　あびきょうかん―苦しみに耐えられないで泣き叫ぶこと。はなはだしい惨状を形容する語。

□暗中模索　あんちゅうもさく―暗闇で手さぐりでものを探すこと。様子がつかめずどうすればよいかわからないままやってみること。

□以心伝心　いしんでんしん―無言のうちに心から心に意思が通じ合うこと。

□一言居士　いちげんこじ―何事についても自分の意見を言わなければ気のすまない人。

□一期一会　いちごいちえ―一生のうち一度だけの機会。

□一日千秋　いちじつせんしゅう―一日会わなければ千年も会わないように感じられることから，一日が非常に長く感じられること。

□一念発起　いちねんほっき―決心して信仰の道に入ること。転じてある事を成就させるために決心すること。

□一網打尽　いちもうだじん―一網打つだけで多くの魚を捕らえることから，一度に全部捕らえること。

□一獲千金　いっかくせんきん―一時にたやすく莫大な利益を得ること。

□一挙両得　いっきょりょうとく―一つの行動で二つの利益を得ること。

□意馬心猿　いばしんえん―馬が走り，猿が騒ぐのを抑制できないことにたとえ，煩悩や欲望の抑えられないさま。

□意味深長　いみしんちょう―意味が深く含蓄のあること。

□因果応報　いんがおうほう―よい行いにはよい報いが，悪い行いには悪い報いがあり，因と果とは相応じるものであるということ。

□慇懃無礼　いんぎんぶれい―うわべはあくまでも丁寧だが，実は尊大であること。

□有為転変　ういてんぺん―世の中の物事の移りやすくはかない様子のこと。

□右往左往　うおうさおう―多くの人が秩序もなく動き，あっちへ行ったりこっちへ来たり，混乱すること。

□右顧左眄 うこさべん―右を見たり，左を見たり，周囲の様子ばかりうかがっていて決断しないこと。

□有象無象 うぞうむぞう―世の中の無形有形の一切のもの。たくさん集まったつまらない人々。

□海千山千 うみせんやません―経験を積み，その世界の裏まで知り抜いている老獪な人。

□紆余曲折 うよきょくせつ―まがりくねっていること。事情が込み入って，状況がいろいろ変化すること。

□雲散霧消 うんさんむしょう―雲や霧が消えるように，あとかたもなく消えること。

□栄枯盛衰 えいこせいすい―草木が繁り，枯れていくように，盛んになったり衰えたりすること。世の中の浮き沈みのこと。

□栄耀栄華 えいようえいが―権力や富貴をきわめ，おごりたかぶること。

□会者定離 えしゃじょうり―会う者は必ず離れる運命をもつということ。人生の無常を説いたことば。

□岡目八目 おかめはちもく―局外に立ち，第三者の立場で物事を観察すると，その是非や損失がよくわかるということ。

□温故知新 おんこちしん―古い事柄を究め新しい知識や見解を得ること。

□臥薪嘗胆 がしんしょうたん―たきぎの中に寝，きもをなめる意で，目的を達成するのために苦心，苦労を重ねること。

□花鳥風月 かちょうふうげつ―自然界の美しい風景，風雅のこころ。

□我田引水 がでんいんすい―自分の利益となるように発言したり行動したりすること。

□画竜点睛 がりょうてんせい―竜を描いて最後にひとみを描き加えたところ，天に上ったという故事から，物事を完成させるために最後に付け加える大切な仕上げ。

□夏炉冬扇 かろとうせん―夏の火鉢，冬の扇のようにその場に必要のない事物。

□危急存亡 ききゅうそんぼう―危機が迫ってこのまま生き残れるか滅びるかの瀬戸際。

□疑心暗鬼 ぎしんあんき―心の疑いが妄想を引き起こして実際にはいない鬼の姿が見えるようになることから，疑心が起こると何で

もないことまで恐ろしくなること。

□玉石混交　ぎょくせきこんこう―すぐれたものとそうでないものが入り
　　　　　　混じっていること。

□荒唐無稽　こうとうむけい―言葉や考えによりどころがなく，とりとめ
　　　　　　もないこと。

□五里霧中　ごりむちゅう―迷って考えの定まらないこと。

□針小棒大　しんしょうぼうだい―物事を大袈裟にいうこと。

□大同小異　だいどうしょうい―細部は異なっているが総体的には同じで
　　　　　　あること。

□馬耳東風　ばじとうふう―人の意見や批評を全く気にかけず聞き流すこ
　　　　　　と。

□波瀾万丈　はらんばんじょう―さまざまな事件が次々と起き，変化に富
　　　　　　むこと。

□付和雷同　ふわらいどう――定の見識がなくただ人の説にわけもなく賛
　　　　　　同すること。

□粉骨砕身　ふんこつさいしん―力の限り努力すること。

□羊頭狗肉　ようとうくにく―外見は立派だが内容がともなわないこと。

□竜頭蛇尾　りゅうとうだび―初めは勢いがさかんだが最後はふるわない
　　　　　　こと。

□臨機応変　りんきおうへん―時と場所に応じて適当な処置をとること。

## 演習問題

1 「海千山千」の意味として適切なものはどれか。
1　様々な経験を積み，世間の表裏を知り尽くしてずる賢いこと
2　今までに例がなく，これからもあり得ないような非常に珍しいこと
3　人をだまし丸め込む手段や技巧のこと
4　一人で千人の敵を相手にできるほど強いこと
5　広くて果てしないこと

**2** 四字熟語として適切なものはどれか。

1 竜頭堕尾
2 沈思黙考
3 孟母断危
4 理路正然
5 猪突猛伸

**3** 四字熟語の漢字の使い方がすべて正しいものはどれか。

1 純真無垢　　青天白日　　疑心暗鬼
2 短刀直入　　自我自賛　　危機一髪
3 厚顔無知　　思考錯誤　　言語同断
4 異句同音　　一鳥一石　　好機当来
5 意味深長　　興味深々　　五里霧中

**4** 「一蓮托生」の意味として適切なものはどれか。

1 一味の者を一度で全部つかまえること。
2 物事が順調に進行すること。
3 ほかの事に注意をそらさず，一つの事に心を集中させているさま。
4 善くても悪くても行動・運命をともにすること。
5 妥当なものはない。

**5** 故事成語の意味で適切なものはどれか。
「塞翁(さいおう)が馬」

1 たいして差がない
2 幸不幸は予測できない
3 肝心なものが欠けている
4 実行してみれば意外と簡単
5 努力がすべてむだに終わる

### 1　1

**解説**　2は「空前絶後」，3は「手練手管」，4は「一騎当千」，5は「広大無辺」である。

### 2　2

**解説**　2の沈思黙考は，「思いにしずむこと。深く考えこむこと。」の意味である。なお，1は竜頭蛇尾(始めは勢いが盛んでも，終わりにはふるわないこと)，3は孟母断機(孟子の母が織りかけの織布を断って，学問を中途でやめれば，この断機と同じであると戒めた譬え)，4は理路整然(話や議論の筋道が整っていること)，5は猪突猛進(いのししのように向こう見ずに一直線に進むこと)が正しい。

### 3　1

**解説**　2は「単刀直入」「自画自賛」，3は「厚顔無恥」「試行錯誤」「言語道断」，4は「異口同音」「一朝一夕」「好機到来」，5は「興味津々」が正しい。四字熟語の意味を理解する際，どのような字で書かれているかを意識するとよい。

### 4　4

**解説**　「一蓮托生」は，よい行いをした者は天国に行き，同じ蓮の花の上に生まれ変わるという仏教の教えから，「(ことの善悪にかかわらず)仲間として行動や運命をともにすること」をいう。

### 5　2

**解説**　「塞翁が馬」は「人間万事塞翁が馬」と表す場合もある。1は「五十歩百歩」，3は「画竜点睛に欠く」，4は「案ずるより産むが易し」，5は「水泡に帰する」の故事成語の意味である。

## 語の使い方

### 文法

## I 品詞の種類

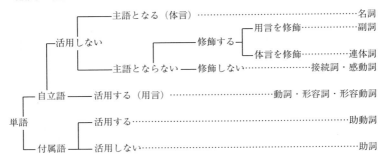

## II 動詞の活用形

| 活用 | 基本 | 語幹 | 未然 | 連用 | 終止 | 連体 | 仮定 | 命令 |
|---|---|---|---|---|---|---|---|---|
| 五段 | 読む | 読 | ま　も | み | む | む | め | め |
| 上一段 | 見る | 見 | み | み | みる | みる | みれ | みよ |
| 下一段 | 捨てる | 捨 | て | て | てる | てる | てれ | てよ　てろ |
| カ変 | 来る | 来 | こ | き | くる | くる | くれ | こい |
| サ変 | する | す | さ　し　せ | し | する | する | すれ | せよ　しろ |
| | 主な接続語 | | ナイ　ウ・ヨウ | マス　テ・タ | 言い切る | コト　トキ | バ | 命令 |

## III 形容詞の活用形

| 基本 | 語幹 | 未然 | 連用 | 終止 | 連体 | 仮定 | 命令 |
|---|---|---|---|---|---|---|---|
| 美しい | うつくし | かろ | かっく | い | い | けれ | ○ |
| 主な用法 | | ウ | ナルタ | 言い切る | 体言 | バ | |

## IV 形容動詞の活用形

| 基本 | 語幹 | 未然 | 連用 | 終止 | 連体 | 仮定 | 命令 |
|---|---|---|---|---|---|---|---|
| 静かだ | 静か | だろ | だっ　で　に | だ | な | なら | ○ |
| 主な用法 | | ウ | タ　アル　ナル | 言い切る | 体言 | バ | |

## Ⅴ　文の成分

主語・述語の関係………花が ── 咲いた。
修飾・被修飾の関係……きれいな ── 花。
接続の関係………………花が咲いた<u>ので</u>，花見をした。
並立の関係………………<u>赤い花</u>と<u>白い花</u>。
補助の関係………………花が<u>咲いている</u>。（二文節で述語となっている）

〈副詞〉自立語で活用せず，単独で文節を作り，多く連用修飾語を作る。

状態を表すもの…………ついに・さっそく・しばらく・ぴったり・すっかり
程度を表すもの…………もっと・すこし・ずいぶん・ちょっと・ずっと
陳述の副詞………………決して～ない・なぜ～か・たぶん～だろう・もし～ば

〈助動詞〉付属語で活用し，主として用言や他の助動詞について意味を添える。

① 使役……せる・させる（学校に行か<u>せる</u>　服を着<u>させる</u>）
② 受身……れる・られる（先生に怒ら<u>れる</u>　人に見ら<u>れる</u>）
③ 可能……れる・られる（歩いて行か<u>れる</u>距離　まだ着ら<u>れる</u>服）
④ 自発……れる・られる（ふと思い出さ<u>れる</u>　容態が案じ<u>られる</u>）
⑤ 尊敬……れる・られる（先生が話さ<u>れる</u>　先生が来ら<u>れる</u>）
⑥ 過去・完了……た（話を聞い<u>た</u>　公園で遊ん<u>だ</u>）
⑦ 打消……ない・ぬ（僕は知ら<u>ない</u>　知ら<u>ぬ</u>存ぜ<u>ぬ</u>）
⑧ 推量……だろう・そうだ（晴れる<u>だろう</u>　晴れ<u>そうだ</u>）
⑨ 意志……う・よう（旅行に行こ<u>う</u>　彼女に告白し<u>よう</u>）
⑩ 様態……そうだ（雨が降り<u>そうだ</u>）
⑪ 希望……たい・たがる（いっぱい遊び<u>たい</u>　おもちゃを欲し<u>がる</u>）
⑫ 断定……だ（悪いのは相手の方<u>だ</u>）
⑬ 伝聞……そうだ（試験に合格した<u>そうだ</u>）
⑭ 推定……らしい（明日は雨<u>らしい</u>）
⑮ 丁寧……です・ます（それはわたし<u>です</u>　ここにあり<u>ます</u>）
⑯ 打消推量・打消意志……まい（そんなことはある<u>まい</u>　けっして言う<u>まい</u>）

〈助詞〉付属語で活用せず，ある語について，その語と他の語との関係を補助したり，意味を添えたりする。

① 格助詞……主として体言に付き，その語と他の語の関係を示す。

　　→が・の・を・に・へ・と・から・より・で・や

② 副助詞……いろいろな語に付いて，意味を添える。

　　→は・も・か・こそ・さえ・でも・しか・まで・ばかり・だけ・など

③ 接続助詞……用言・活用語に付いて，上と下の文節を続ける。

　　→ば・けれども・が・のに・ので・ても・から・たり・ながら

④ 終助詞……文末（もしくは文節の切れ目）に付いて意味を添える。

　　→なあ（感動）・よ（念押し）・な（禁止）・か（疑問）・ね（念押し）

## 演習問題

**1** 次のア〜オのうち，下線部の表現が適切でないものはどれか。

1　彼はいつもまわりに愛嬌をふりまいて，場を和やかにしてくれる。

2　的を射た説明によって，よく理解することができた。

3　舌先三寸で人をまるめこむのではなく，誠実に説明する。

4　この重要な役目は，彼女に白羽の矢が当てられた。

5　二の舞を演じないように，失敗から学ばなくてはならない。

**2** 次の文について，言葉の用法として適切なものはどれか。

1　矢折れ刀尽きるまで戦う。

2　ヘルプデスクに電話したが「分かりません」と繰り返すだけで取り付く暇もなかった。

3　彼の言動は肝に据えかねる。

4　彼は証拠にもなく何度も賭け事に手を出した。

5　適切なものはない。

**3** 下線部の言葉の用法として適切なものはどれか。

1　彼はのべつ暇なく働いている。

2　あの人の言動は常軌を失っている。

3　彼女は熱に泳がされている。

4　彼らの主張に対して間髪をいれずに反論した。

5　彼女の自分勝手な振る舞いに顔をひそめた。

4 次の文で，下線部が適切でないものはどれか。

1 ぼくの目標は，兄より早く走れるように<u>なること</u>です。

2 先生の<u>おっしゃること</u>をよく聞くのですよ。

3 昨日は家で本を読んだり，テレビを<u>見</u>ていました。

4 風にざわめく木々は，まるで私たちにあいさつをしている<u>ようだった</u>。

5 先生の業績については，よく<u>存じております</u>。

5 下線部の言葉の用法が適切でないものはどれか。

1 <u>急いては事を仕損じる</u>ので，マイペースを心がける。

2 彼女は<u>目端が利く</u>。

3 <u>世知辛い</u>世の中になったものだ。

4 安全を<u>念頭に置いて</u>作業を進める。

5 次の試験に<u>標準を合わせて</u>勉強に取り組む。

○○○解答・解説○○○

1 4

**解説** 1の「愛嬌をふりまく」は，おせじなどをいい，明るく振る舞うこと，2の「的を射る」は的確に要点をとらえること，3の「舌先三寸」は口先だけの巧みに人をあしらう弁舌のこと，4はたくさんの中から選びだされるという意味だが，「白羽の矢が当てられた」ではなく，「白羽の矢が立った」が正しい。5の「二の舞を演じる」は他人がした失敗を自分もしてしまうという意味である。

2 5

**解説** 1「刀折れ矢尽きる」が正しく，「なす術がなくなる」という意味である。 2 話を進めるきっかけが見つからない。すがることができない，という意味になるのは「取り付く島がない」が正しい。 3 「言動」という言葉から，「我慢できなくなる」という意味の言葉を使う必要がある。「腹に据えかねる」が正しい。 4 「何度も賭け事に手を出した」という部分から「こりずに」という意味の「性懲りもなく」が正しい。

3 4

**解説** 1「のべつ幕なしに」，2は「常軌を逸している」，3は「熱に浮かされている」，5は「眉をひそめた」が正しい。

4 3

**解説** 3は前に「読んだり」とあるので，後半も「見たり」にしなければならないが，「見ていました」になっているので表現として適当とはいえない。

5 5

**解説** 5は，「狙う，見据える」という意味の「照準」を使い，「照準を合わせて」と表記するのが正しい。

## 演習問題

1 次の文章を意味が通るように並べ替えたとき，順番として最も適切な
ものはどれか。

A　読書にしたしむ工夫の一つは，自分に興味のあるもの，いや，読み
出したらご飯を食べるのも忘れるほど興味のある本をまず読むことで
す。そんな本を見つけ出せというと，大変むつかしい注文のように聞
こえるけれども，決してそうではない。健康な中学生，高校生なら世
界の名作といわれるものの必ずしも全部ではないが，その半分，ある
いはその三分の一くらいの文学作品には，必ず強い興味をひかれるは
ずだと思うのです。

B　面白い長篇小説を読み上げると，きっと人に話したくなるものです
が，友だちにすすめてこれを読ませ，仲間で討論会—それほどむつか
しく考えなくてもいいけれども，ここは面白かった，あそこの意味は
よくわからなかった，というような話合いをすること，これが第二の
手だてです。手だてというとかた苦しいが，読後の感想を，気心の知
れた友達と語り合うということは，なかなか楽しいことなのです。話
合うクセがつくと，読んだことも頭と心に深くしみ込むし，また次の
本を読みたい気持もそそられてくるに違いありません。

C　自分の好きな本を見つけて，読み上げる。そういうことを何回も重
ねてゆくということが第一の手だてです。そうするうちに本を読むス
ピードも自然に早くなるし，また自分は大きな本でも読みあげる力が
あるという自信がつきます。すべての人間のすることは，ぼくにはこ
れがやれる，という自信をもってやらなければ，うまく成功しないも
のですが，読書もまた同じことで，自分の読書力についての自信を強
めることが第一です。そのためには若い諸君は，文学ならおもしろい
長篇小説，たとえばスタンダールの『赤と黒』だとか，トルストイの『復
活』だとか，あの程度の長さの名作を読むことをおすすめします。

（『私の読書遍歴』桑原武夫著）

1　A－B－C
2　A－C－B
3　B－C－A

2　次の文章中の（　　　）内に，あとのア〜キの7つの文を並べ替えて入れると意味の通った文章になる。並べ方の最も適切なものはどれか。

　以上は，わたしが読む人間から書く人間へ変化していった過程である。わたしの精神が読む働きから書く働きへ移っていったコースである。もちろん，（　　　　　　　）特別の天才は別として，わたしたちは，多量の精神的エネルギーを放出しなければ，また，精神の戦闘的な姿勢がなければ，小さな文章でも書くことはできないのである。

　ア　それに必要な精神的エネルギーの量から見ると，書く，読む，聞く……という順でしだいに減っていくようである。

　イ　すなわち，読むという働きがまだ受動的であるのに反して，書くという働きは完全に能動的である。

　ウ　しかし，書くという働きに必要なエネルギーは読むという働きに必要なエネルギーをはるかに凌駕する。

　エ　そこには，精神の姿勢の相違がある。

　オ　読むという働きは，聞くという働きなどに比べれば多量のエネルギーを必要とする。

　カ　同様に精神の働きではあるが，一方はかなりパッシブであり，他方は極めてアクチブである。

　キ　更に考えてみると，読む働きと書く働きとの間には，必要とするエネルギーの大小というだけでなく，もっと質的な相違があると言わねばならない。

　　1　ア－ウ－オ－キ－エ－イ－カ
　　2　オ－ウ－ア－キ－エ－イ－カ
　　3　オ－イ－カ－ウ－ア－キ－エ
　　4　エ－オ－ウ－イ－カ－キ－ア
　　5　オ－ア－イ－カ－ウ－キ－エ

3　次の文章の並べ替え方として最も適切なものはどれか。

　A　マジックの番組かと思ったらそうではなかった。政治討論の番組であり，声を荒らげていたのは，年金の記録が不明確になってしまったものの表現について話している途中の部分だった。

　B　政府側からみれば，「消えた」のではなく，誰に払うべきか分からな

くなってしまったものであるから,「宙に浮いた」と表現したいといったところか。

C 　要するにどの立場に立つかによって表現の仕方は変わるのである。逆に言えば,どの表現を用いているかをみれば,その人が,どの立場で,誰の味方となって発言しているかが分かるのである。

D 　もらえなかった人にとっては,「消えた」という表現がぴったりであろう。自分が信じて払い,受給する権利がなくなってしまうのであるから,それ以上の表現はない。

E 　テレビをつけたままで仕事をしていたら,「消えたのではなく宙に浮いたのだ」と誰かが声を荒らげていた。

　　1　E－C－A－D－B
　　2　E－B－D－A－C
　　3　E－A－D－C－B
　　4　E－A－D－B－C
　　5　E－B－D－C－A

○○○解答・解説○○○

1  2

**解説**　Cに「第一の手だて」,Bに「第二の手だて」とあるので,C,Bという順番はわかるだろう。Aをどこに置くかで悩むかもしれないが,Cに「自分の好きな本を見つけて」とあり,これがAの「興味のある本を見つけ出すことは決して難しいことではない」という内容につながっていると考えられる。よって,Cの前にAが来ると考えられる。

2  2

**解説**　出典は清水幾太郎の『論文の書き方』ある。文章を整序する問題は,指示語や接続語に注意しながら,文意が通るように並べ替えていくことが大切である。この問題の場合,選択肢をヒントととらえると「もちろん」の直後には「ア・エ・オ」のいずれかが入ることがわかる。アは「それに必要な精神的エネルギーの量から見ると……」という文になっているので,文頭の「それに」は接続詞ではなく「それ(代名詞)＋に(助詞)」の指示語ととらえられる。そうすると,「もちろん」の直後に入れた場合文意が通らなくなるので,アで始まっている1は誤りとして消去できる。同様にエ

も「そこ」に注目すると文意が通らないことがわかるので，4も消去できる。オは文意が通るので2・3・5について検討していけばよいことになる。したがってオの後ろには「ア・イ・ウ」のいずれかが入ることがわかる。それぞれをあてはめていくと，逆接の接続詞「しかし」で始まっているウが最も文意が通ることに気づく。そうなると2しか残らない。2の順番どおりに読み進めていき，流れがおかしくないかどうか検討し，おかしくなければ正答とみなすことができる。よって，正答は2。

3 4

**解説** 作問者による書き下ろし。「発端」「発端についての説明」「まとめ」といった構成になっている。「発端」はEであり，「まとめ」の部分についてはCが該当する。「発端についての説明」については，Aにおいてテレビから聞こえた内容を明らかにし，「消えた」とする立場（D），「宙に浮いた」とする立場（B）からそれぞれ説明している。

# 非言語分野

計算式・不等式

## 演習問題

1 分数 $\dfrac{30}{7}$ を小数で表したとき，小数第100位の数字として正しいものはどれか。

  1　1　　2　2　　3　4　　4　5　　5　7

2 $x=\sqrt{2}-1$ のとき，$x+\dfrac{1}{x}$ の値として正しいものはどれか。

  1　$2\sqrt{2}$　　2　$2\sqrt{2}-2$　　3　$2\sqrt{2}-1$　　4　$3\sqrt{2}-3$

  5　$3\sqrt{2}-2$

3 360の約数の総和として正しいものはどれか。

  1　1060　　2　1170　　3　1250　　4　1280　　5　1360

4 $\dfrac{x}{2}=\dfrac{y}{3}=\dfrac{z}{5}$ のとき，$\dfrac{x-y+z}{3x+y-z}$ の値として正しいものはどれか。

  1　$-2$　　2　$-1$　　3　$\dfrac{1}{2}$　　4　1　　5　$\dfrac{3}{2}$

5 $\dfrac{\sqrt{2}}{\sqrt{2}-1}$ の整数部分を $a$，小数部分を $b$ とするとき，$a\times b$ の値として正しいものは次のうちどれか。

  1　$\sqrt{2}$　　2　$2\sqrt{2}-2$　　3　$2\sqrt{2}-1$　　4　$3\sqrt{2}-3$

  5　$3\sqrt{2}-2$

6 $x=\sqrt{5}+\sqrt{2}$，$y=\sqrt{5}-\sqrt{2}$ のとき，$x^2+xy+y^2$ の値として正しいものはどれか。

  1　15　　2　16　　3　17　　4　18　　5　19

$\boxed{7}$ $\dfrac{\sqrt{2}}{\sqrt{2}-1}$ の整数部分を $a$, 小数部分を $b$ とするとき, $b^2$ の値として正しいものはどれか。

   1  $2-\sqrt{2}$    2  $1+\sqrt{2}$    3  $2+\sqrt{2}$    4  $3+\sqrt{2}$

   5  $3-2\sqrt{2}$

$\boxed{8}$ ある中学校の生徒全員のうち, 男子の7.5%, 女子の6.4%を合わせて37人がバドミントン部員であり, 男子の2.5%, 女子の7.2%を合わせて25人が吹奏楽部員である。この中学校の女子全員の人数は何人か。

   1  246人    2  248人    3  250人    4  252人    5  254人

$\boxed{9}$ 連続した3つの正の偶数がある。その小さい方2数の2乗の和は, 一番大きい数の2乗に等しいという。この3つの数のうち, 最も大きい数として正しいものはどれか。

   1  6    2  8    3  10    4  12    5  14

○○○解答・解説○○○

$\boxed{1}$ 5

**解説**　実際に30を7で割ってみると,

$\dfrac{30}{7} = 4.28571428571\cdots\cdots$ となり, 小数点以下は, 6つの数字"285714"が繰り返されることがわかる。$100 \div 6 = 16$ 余り4だから, 小数第100位は, "285714"のうちの4つ目の"7"である。

$\boxed{2}$ 1

**解説**　$x = \sqrt{2}-1$ を $x+\dfrac{1}{x}$ に代入すると,

$$x+\frac{1}{x} = \sqrt{2}-1+\frac{1}{\sqrt{2}-1} = \sqrt{2}-1+\frac{\sqrt{2}+1}{(\sqrt{2}-1)(\sqrt{2}+1)}$$

$$= \sqrt{2}-1+\frac{\sqrt{2}+1}{2-1}$$

$$= \sqrt{2}-1+\sqrt{2}+1 = 2\sqrt{2}$$

**3** 2

**解説** 360を素因数分解すると，$360 = 2^3 \times 3^2 \times 5$ であるから，約数の総和は $(1 + 2 + 2^2 + 2^3)(1 + 3 + 3^2)(1 + 5) = (1 + 2 + 4 + 8)(1 + 3 + 9)(1 + 5) = 15 \times 13 \times 6 = 1170$ である。

**4** 4

**解説** $\dfrac{x}{2} = \dfrac{y}{3} = \dfrac{z}{5} = A$ とおく。

$x = 2A$，$y = 3A$，$z = 5A$ となるから，

$x - y + z = 2A - 3A + 5A = 4A$，$3x + y - z = 6A + 3A - 5A = 4A$

したがって，$\dfrac{x - y + z}{3x + y - z} = \dfrac{4A}{4A} = 1$ である。

**5** 4

**解説** 分母を有理化する。

$$\frac{\sqrt{2}}{\sqrt{2} - 1} = \frac{\sqrt{2}(\sqrt{2} + 1)}{(\sqrt{2} - 1)(\sqrt{2} + 1)} = \frac{2 + \sqrt{2}}{2 - 1} = 2 + \sqrt{2} = 2 + 1.414\cdots = 3.414\cdots$$

であるから，$a = 3$であり，$b = (2 + \sqrt{2}) - 3 = \sqrt{2} - 1$ となる。

したがって，$a \times b = 3(\sqrt{2} - 1) = 3\sqrt{2} - 3$

**6** 3

**解説** $(x + y)^2 = x^2 + 2xy + y^2$ であるから，

$x^2 + xy + y^2 = (x + y)^2 - xy$ と表せる。

ここで，$x + y = (\sqrt{5} + \sqrt{2}) + (\sqrt{5} - \sqrt{2}) = 2\sqrt{5}$，

$xy = (\sqrt{5} + \sqrt{2})(\sqrt{5} - \sqrt{2}) = 5 - 2 = 3$

であるから，求める $(x + y)^2 - xy = (2\sqrt{5})^2 - 3 = 20 - 3 = 17$

**7** 5

**解説** 分母を有理化すると，

$$\frac{\sqrt{2}}{\sqrt{2} - 1} = \frac{\sqrt{2}(\sqrt{2} + 1)}{(\sqrt{2} - 1)(\sqrt{2} + 1)} = \frac{2 + \sqrt{2}}{2 - 1} = 2 + \sqrt{2}$$

$\sqrt{2} = 1.4142\cdots\cdots$であるから，$2 + \sqrt{2} = 2 + 1.4142\cdots\cdots = 3.14142\cdots\cdots$

したがって，$a = 3$，$b = 2 + \sqrt{2} - 3 = \sqrt{2} - 1$といえる。

したがって，$b^2 = (\sqrt{2} - 1)^2 = 2 - 2\sqrt{2} + 1 = 3 - 2\sqrt{2}$である。

3

**解説** 男子全員の人数を$x$，女子全員の人数を$y$とする。

$0.075x + 0.064y = 37 \cdots$ ①

$0.025x + 0.072y = 25 \cdots$ ②

① $-$ ② $\times 3$ より

$$-) \begin{cases} 0.075x + 0.064y = 37 \cdots ① \\ 0.075x + 0.216y = 75 \cdots ②' \end{cases}$$

$$- 0.152y = - 38$$

$\therefore \quad 152y = 38000 \quad \therefore \quad y = 250 \quad x = 280$

よって，女子全員の人数は250人。

3

**解説** 3つのうちの一番小さいものを$x(x>0)$とすると，連続した3つの正の偶数は，$x$，$x+2$，$x+4$ であるから，与えられた条件より，次の式が成り立つ。$x^2+(x+2)^2 = (x+4)^2$ かっこを取って，$x^2+x^2+4x+4=x^2+8x+16$ 整理して，$x^2-4x-12=0$ よって，$(x+2)(x-6)=0$ よって，$x=-2, 6$ $x>0$だから，$x=6$ である。したがって，3つの偶数は，6, 8, 10である。このうち最も大きいものは，10である。

## 速さ・距離・時間

### 演習問題

1 家から駅までの道のりは30kmである。この道のりを，初めは時速5km，途中から，時速4kmで歩いたら，所要時間は7時間であった。時速5kmで歩いた道のりとして正しいものはどれか。

  1 8km    2 10km    3 12km    4 14km    5 15km

2 横の長さが縦の長さの2倍である長方形の厚紙がある。この厚紙の四すみから，一辺の長さが4cmの正方形を切り取って，折り曲げ，ふたのない直方体の容器を作る。その容積が64cm³のとき，もとの厚紙の縦の長さとして正しいものはどれか。

  1 $6-2\sqrt{3}$    2 $6-\sqrt{3}$    3 $6+\sqrt{3}$    4 $6+2\sqrt{3}$
  5 $6+3\sqrt{3}$

3 縦50m，横60mの長方形の土地がある。この土地に，図のような直角に交わる同じ幅の通路を作る。通路の面積を土地全体の面積の $\dfrac{1}{3}$ 以下にするには，通路の幅を何m以下にすればよいか。

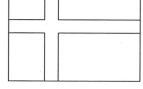

  1 8m    2 8.5m    3 9m    4 10m
  5 10.5m

4 下の図のような，曲線部分が半円で，1周の長さが240mのトラックを作る。中央の長方形ABCDの部分の面積を最大にするには，直線部分ADの長さを何mにすればよいか。次から選べ。

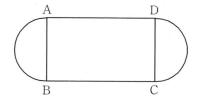

  1 56m    2 58m    3 60m    4 62m    5 64m

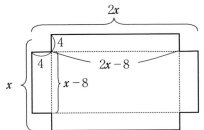

5  AとBの2つのタンクがあり，Aには8m³，Bには5m³の水が入っ
ている。Aには毎分1.2m³，Bには毎分0.5m³ずつの割合で同時に水を
入れ始めると，Aの水の量がBの水の量の2倍以上になるのは何分後か
らか。正しいものはどれか。

1  8分後　　2  9分後　　3  10分後　　4  11分後　　5  12分後

◯◯◯解答・解説◯◯◯

1  2

**解説**  時速5kmで歩いた道のりを$x$kmとすると，時速4kmで歩いた道
のりは，$(30-x)$kmであり，時間＝距離÷速さ　であるから，次の式が
成り立つ。

$$\frac{x}{5}+\frac{30-x}{4}=7$$

両辺に20をかけて，$4x+5(30-x)=7\times20$

整理して，$4x+150-5x=140$

よって，$x=10$ である。

2  4

**解説**  厚紙の縦の長さを$x$cmとすると，横の長さは$2x$cmである。また，
このとき，容器の底面は，縦$(x-8)$cm，横$(2x-8)$cmの長方形で，容
器の高さは4cmである。

厚紙の縦，横，及び，容器の縦，
横の長さは正の数であるから，

$x>0,\ x-8>0,\ 2x-8>0$

すなわち，$x>8\cdots\cdots$①

容器の容積が64cm³であるから，

$4(x-8)(2x-8)=64$となり，

$(x-8)(2x-8)=16$

これより，$(x-8)(x-4)=8$

$x^2-12x+32=8$となり，$x^2-12x+24=0$

よって，$x=6\pm\sqrt{6^2-24}=6\pm\sqrt{12}=6\pm2\sqrt{3}$

このうち①を満たすものは，$x=6+2\sqrt{3}$

$\boxed{3}$ 4

**解説** 通路の幅を$x$mとすると，$0<x<50\cdots\cdots$①
また，$50x+60x-x^2\leqq1000$
よって，$(x-10)(x-100)\geqq0$
したがって，$x\leqq10$，$100\leqq x\cdots\cdots$②
①②より，$0<x\leqq10$　つまり，10m以下。

$\boxed{4}$ 3

**解説** 直線部分ADの長さを$x$mとおくと，$0<2x<240$より，
$x$のとる値の範囲は，$0<x<120$である。

半円の半径を$r$mとおくと，
$2\pi r=240-2x$より，
$r=\dfrac{120}{\pi}-\dfrac{x}{\pi}=\dfrac{1}{\pi}(120-x)$

長方形ABCDの面積を$y$m²とすると，

$\begin{aligned}
y&=2r\cdot x=2\cdot\dfrac{1}{\pi}(120-x)x\\
&=-\dfrac{2}{\pi}(x^2-120x)\\
&=-\dfrac{2}{\pi}(x-60)^2+\dfrac{7200}{\pi}
\end{aligned}$

この関数のグラフは，図のようになる。$y$は$x=60$のとき最大となる。

$\boxed{5}$ 3

**解説** $x$分後から2倍以上になるとすると，題意より次の不等式が成り立つ。

$8+1.2x\geqq2(5+0.5x)$

かっこをはずして，$8+1.2x\geqq10+x$
整理して，$0.2x\geqq2$　よって，$x\geqq10$
つまり10分後から2倍以上になる。

## 演習問題

1 1個のさいころを続けて3回投げるとき，目の和が偶数になるような場合は何通りあるか。正しいものを選べ。

　1　106通り　　2　108通り　　3　110通り　　4　112通り
　5　115通り

2 A，B，C，D，E，Fの6人が2人のグループを3つ作るとき，AとBが同じグループになる確率はどれか。正しいものを選べ。

　1　$\dfrac{1}{6}$　　2　$\dfrac{1}{5}$　　3　$\dfrac{1}{4}$　　4　$\dfrac{1}{3}$　　5　$\dfrac{1}{2}$

○○○解答・解説○○○

1 2

**解説**　和が偶数になるのは，3回とも偶数の場合と，偶数が1回で，残りの2回が奇数の場合である。さいころの目は，偶数と奇数はそれぞれ3個だから，

　(1)　3回とも偶数：$3 \times 3 \times 3 = 27$〔通り〕
　(2)　偶数が1回で，残りの2回が奇数
　　・偶数/奇数/奇数：$3 \times 3 \times 3 = 27$〔通り〕
　　・奇数/偶数/奇数：$3 \times 3 \times 3 = 27$〔通り〕
　　・奇数/奇数/偶数：$3 \times 3 \times 3 = 27$〔通り〕
　したがって，合計すると，$27 + (27 \times 3) = 108$〔通り〕である。

2 2

**解説**　A，B，C，D，E，Fの6人が2人のグループを3つ作るときの，すべての作り方は$\dfrac{{}_6C_2 \times {}_4C_2}{3!} = 15$通り。このうち，AとBが同じグループになるグループの作り方は$\dfrac{{}_4C_2}{2!} = 3$通り。よって，求める確率は$\dfrac{3}{15} = \dfrac{1}{5}$である。

## 演習問題

1 次の図で，直方体ABCD－EFGHの辺 AB，BCの中点をそれぞれ M，Nとする。この直方体を3点M，F，Nを通る平面で切り，頂点B を含むほうの立体をとりさる。AD＝DC ＝8cm，AE＝6cmのとき，△MFNの 面積として正しいものはどれか。

1 $3\sqrt{22}$ 〔cm²〕　　2 $4\sqrt{22}$ 〔cm²〕
3 $5\sqrt{22}$ 〔cm²〕　　4 $4\sqrt{26}$ 〔cm²〕
5 $4\sqrt{26}$ 〔cm²〕

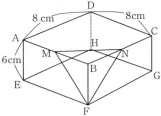

2 右の図において，四角形ABCDは円に内接しており，弧BC＝弧CDである。AB，AD の延長と点Cにおけるこの円の接線との交点 をそれぞれP，Qとする。AC＝4cm，CD＝ 2cm，DA＝3cmとするとき，△BPCと△ APQの面積比として正しいものはどれか。

1 1：5　　2 1：6　　3 1：7　　4 2：15　　5 3：20

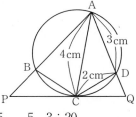

3 1辺の長さが15のひし形がある。その対角線の長さの差は6である。 このひし形の面積として正しいものは次のどれか。

1 208　　2 210　　3 212　　4 214　　5 216

4 右の図において，円$C_1$の 半径は2，円$C_2$の半径は5，2 円の中心間の距離は$O_1O_2$＝9 である。2円の共通外接線$l$と2 円$C_1$，$C_2$との接点をそれぞれA， Bとするとき，線分ABの長さ として正しいものは次のどれ か。

1 $3\sqrt{7}$　　2 8　　3 $6\sqrt{2}$　　4 $5\sqrt{3}$　　5 $4\sqrt{5}$

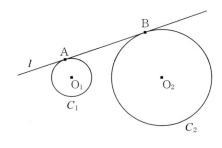

5 下の図において，点Eは，平行四辺形ABCDの辺BC上の点で，AB＝AEである。また，点Fは，線分AE上の点で，∠AFD＝90°である。∠ABE＝70°のとき，∠CDFの大きさとして正しいものはどれか。

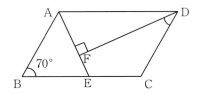

1 48°　　2 49°　　3 50°　　4 51°　　5 52°

6 底面の円の半径が4で，母線の長さが12の直円すいがある。この円すいに内接する球の半径として正しいものは次のどれか。

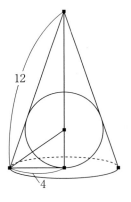

1 $2\sqrt{2}$

2 3

3 $2\sqrt{3}$

4 $\dfrac{8}{3}\sqrt{2}$

5 $\dfrac{8}{3}\sqrt{3}$

○○○解答・解説○○○

1 2

**解説**　△MFNはMF＝NFの二等辺三角形。MB＝$\dfrac{8}{2}$＝4，BF＝6より，

MF$^2$＝$4^2+6^2$＝52

また，MN＝$4\sqrt{2}$

FからMNに垂線FTを引くと，△MFTで三平方の定理より，

FT$^2$＝MF$^2$－MT$^2$＝$52-\left(\dfrac{4\sqrt{2}}{2}\right)^2$＝$52-8$＝44

よって，FT＝$\sqrt{44}$＝$2\sqrt{11}$

したがって，△MFN＝$\dfrac{1}{2}\cdot4\sqrt{2}\cdot2\sqrt{11}$＝$4\sqrt{22}$〔cm$^2$〕

$\boxed{2}$ 3

**解説** ∠PBC＝∠CDA，∠PCB＝∠BAC＝∠CADから，

△BPC∽△DCA

相似比は2：3，面積比は，4：9

また，△CQD∽△AQCで，相似比は1：2，面積比は1：4

したがって，△DCA：△AQC＝3：4

よって，△BPC：△DCA：△AQC＝4：9：12

さらに，△BPC∽△CPAで，相似比1：2，面積比1：4

よって，△BPC：△APQ＝4：（16＋12）＝4：28＝1：7

$\boxed{3}$ 5

**解説** 対角線のうちの短い方の長さの半分の長さを$x$とすると，長い方の対角線の長さの半分は，$(x+3)$と表せるから，三平方の定理より次の式がなりたつ。

$$x^2 + (x+3)^2 = 15^2$$

整理して，$2x^2 + 6x - 216 = 0$　よって，$x^2 + 3x - 108 = 0$

$(x-9)(x+12) = 0$より，$x = 9, -12$　$x$は正だから，$x = 9$である。

したがって，求める面積は，$4 \times \dfrac{9 \times (9+3)}{2} = 216$

$\boxed{4}$ 5

**解説** 円の接線と半径より

$O_1A \perp l$，$O_2B \perp l$であるから，

点$O_1$から線分$O_2B$に垂線$O_1H$を

下ろすと，四角形$AO_1HB$は長方

形で，

$HB = O_1A = 2$だから，

$O_2H = 3$

△$O_1O_2H$で三平方の定理より，

$O_1H = \sqrt{9^2 - 3^2} = 6\sqrt{2}$

よって，$AB = O_1H = 6\sqrt{2}$

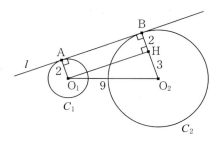

## 5　3

**解説**　∠AEB＝∠ABE＝70°より，∠AEC＝180－70＝110°

また，∠ABE＋∠ECD＝180°より，∠ECD＝110°

四角形FECDにおいて，四角形の内角の和は360°だから，

∠CDF＝360°－（90°＋110°＋110°）＝50°

## 6　1

**解説**　円すいの頂点をA，球の中心を O，底面の円の中心をHとする。3点A, O, Hを含む平面でこの立体を切断すると，断面は図のような二等辺三角形とその内接円であり，求めるものは内接円の半径 OHである。

　△ABHで三平方の定理より，

　　AH＝$\sqrt{12^2-4^2}$＝$8\sqrt{2}$

　　Oは三角形ABCの内心だから，BO は∠ABHの2等分線である。

　よって，AO：OH＝BA：BH＝3：1

　OH＝$\dfrac{1}{4}$AH＝$2\sqrt{2}$

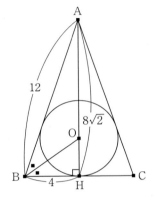

**演習問題**

1　O市，P市，Q市の人口密度（1km²あたりの人口）を下表に示して
ある，O市とQ市の面積は等しく，Q市の面積はP市の2倍である。

| 市 | 人口密度 |
|---|---|
| O | 390 |
| P | 270 |
| Q | 465 |

このとき，次の推論ア，イの正誤として，正しいものはどれか。
　ア　P市とQ市を合わせた地域の人口密度は300である
　イ　P市の人口はQ市の人口より多い
　　1　アもイも正しい
　　2　アは正しいが，イは誤り
　　3　アは誤りだが，イは正しい
　　4　アもイも誤り
　　5　アもイもどちらとも決まらない

2　2から10までの数を1つずつ書いた9枚のカードがある。A，B，C
の3人がこの中から任意の3枚ずつを取ったところ，Aの取ったカード
に書かれていた数の合計は15で，その中には，5が入っていた。Bの取っ
たカードに書かれていた数の合計は16で，その中には，8が入っていた。
Cの取ったカードに書かれていた数の中に入っていた数の1つは，次の
うちのどれか。
　　1　2　　2　3　　3　4　　4　6　　5　7

3　体重の異なる8人が，シーソーを使用して，一番重い人と2番目に
重い人を選び出したい。シーソーでの重さ比べを，少なくとも何回行わ
なければならないか。ただし，シーソーには両側に1人ずつしか乗らない
ものとする。
　　1　6回　　2　7回　　3　8回　　4　9回　　5　10回

4 A～Fの6人がゲーム大会をして，優勝者が決定された。このゲーム大会の前に6人は，それぞれ次のように予想を述べていた。予想が当たったのは2人のみで，あとの4人ははずれであった。予想が当たった2人の組み合わせとして正しいものはどれか。

A 「優勝者は，私かCのいずれかだろう。」
B 「優勝者は，Aだろう。」
C 「Eの予想は当たるだろう。」
D 「優勝者は，Fだろう。」
E 「優勝者は，私かFのいずれかだろう。」
F 「Aの予想ははずれるだろう。」

 1 A，B  2 A，C  3 B，D  4 C，D  5 D，E

5 ある会合に参加した人30人について調査したところ，傘を持っている人，かばんを持っている人，筆記用具を持っている人の数はすべて1人以上29人以下であり，次の事実がわかった。

ⅰ）傘を持っていない人で，かばんを持っていない人はいない。
ⅱ）筆記用具を持っていない人で，かばんを持っている人はいない。
このとき，確実に言えるのは次のどれか。

1 かばんを持っていない人で，筆記用具を持っている人はいない。
2 傘を持っている人で，かばんを持っている人はいない。
3 筆記用具を持っている人で，傘を持っている人はいない。
4 傘を持っていない人で，筆記用具を持っていない人はいない。
5 かばんを持っている人で，傘を持っている人はいない。

6 次A，B，C，D，Eの5人が，順に赤，緑，白，黒，青の5つのカードを持っている。また赤，緑，白，黒，青の5つのボールがあり，各人がいずれか1つのボールを持っている。各自のカードの色とボールの色は必ずしも一致していない。持っているカードの色とボールの色の組み合わせについてア，イのことがわかっているとき，Aの持っているボールの色は何色か。ただし，以下でXとY2人の色の組み合わせが同じであるとは，「Xのカード，ボールの色が，それぞれYのボール，カードの色と一致」していることを意味する。

ア　CとEがカードを交換すると，CとDの色の組み合わせだけが同じになる。
イ　BとDがボールを交換すると，BとEの色の組み合わせだけが同じ

になる。

1　青　　2　緑　　3　黒　　4　赤　　5　白

○○○解答・解説○○○

1 3

解説 「Ｏ市とＱ市の面積は等しく，Ｑ市の面積はＰ市の2倍」ということから，仮にＯ市とＱ市の面積を1km²，Ｐ市の面積を2km²と考える。

ア…Ｐ市の人口は270×2＝540人，Ｑ市の人口は465×1＝465人で，2つの市を合わせた地域の面積は3km²なので，人口密度は，（540＋465）÷3＝335人になる。

イ…Ｐ市の人口は540人，Ｑ市は465人なので，Ｐ市の方が多いので正しいといえる。

よって推論アは誤りだが，推論イは正しい。

よって正解は3である。

2 3

解説 まず，Ｂが取った残りの2枚のカードに書かれていた数の合計は，16－8＝8である。したがって2枚のカードはどちらも6以下である。ところが「5」はＡが取ったカードにあるから除くと，「2」，「3」，「4」，「6」の4枚となるが，この中で2数の和が8になるのは，「2」と「6」しかない。

次にＡが取った残りの2枚のカードに書かれていた数の合計は，15－5＝10である。したがって2枚のカードはどちらも8以下である。この中で，すでにＡ自身やＢが取ったカードを除くと「3」，「4」，「7」の3枚となるが，この中で2数の和が10になるのは，「3」と「7」のみである。

以上のことから，Ｃの取った3枚のカードは，ＡとＢが取った残りの「4」「9」「10」である。

3 4

解説 全員の体重が異なるのだから，1人ずつ比較するしかない。したがって一番重い人を見つけるには，8チームによるトーナメント試合数，すなわち8－1＝7（回）でよい。図

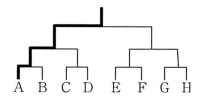

は8人をA～Hとしてその方法を表したもので，Aが最も重かった場合である。次に2番目に重い人の選び出し方であるが，2番目に重い人の候補になるのは，図でAと比較してAより軽いと判断された3人である。すなわち最初に比較したBと，2回目に比較したC，Dのうちの重い方と，最後にAと比較したE～Hの中で一番重い人の3人である。そしてこの3人の中で一番重い人を見つける方法は2回でよい。結局，少なくとも7＋2＝9（回）の重さ比べが必要であるといえる。

4 1

**解説** 下の表は，縦の欄に優勝したと仮定した人。横の欄に各人の予想が当たったか（○）はずれたか（×）を表したものである。

|   | A | B | C | D | E | F |
|---|---|---|---|---|---|---|
| A | ○ | ○ | × | × | × | × |
| B | × | × | × | × | × | ○ |
| C | ○ | × | × | × | × | × |
| D | × | × | × | × | × | ○ |
| E | × | × | ○ | × | ○ | ○ |
| F | × | × | ○ | ○ | ○ | ○ |

「予想が当たったのは，2人のみ」という条件を満たすのは，Aが優勝したと仮定したときのAとBのみである。よって，1が正しい。

5 3

**解説** i）ii）より集合の包含関係は図のようになっている。

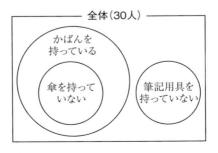

図より，傘を持っていない人の集合と，筆記用具を持っていない人の集

合の共通部分は空集合であり，選択肢1，2，3，5については必ずしも空集合とは限らない。

したがって，確実に言えるのは「傘を持っていない人で，筆記用具を持っていない人はいない」のみである。

6 5

**解説** 最初の状態は，

| | A | B | C | D | E |
|---|---|---|---|---|---|
| カード | 赤 | 緑 | 白 | 黒 | 青 |

まずアより，EとCがカードを交換した場合，CとDの色の組み合わせだけが同じになることから，ボールの色が次のように決まる。

| | A | B | C | D | E |
|---|---|---|---|---|---|
| カード | 赤 | 緑 | 青 | 黒 | 白 |
| ボール | | | 黒 | 青 | |

つまり，Cのボールが黒，Dのボールが青と決まる。
カード交換前のカードの色で表すと，

| | A | B | C | D | E |
|---|---|---|---|---|---|
| カード | 赤 | 緑 | 白 | 黒 | 青 |
| ボール | | | 黒 | 青 | |

さらにイより，BとDがボールを交換すると，BとEの色の組み合わせだけが同じになることから，Eのボールの色が緑ときまる。つまり，

| | A | B | C | D | E |
|---|---|---|---|---|---|
| カード | 赤 | 緑 | 白 | 黒 | 青 |
| ボール | | | 黒 | 青 | 緑 |

ここで，Bのボールの色が白だとすると，Dとボールを交換したときに，CとDが黒と白で同じ色の組み合わせになってしまう。したがって，Aのボールの色が白，Bのボールの色が赤といえる。

つまり，次のように決まる。

| | A | B | C | D | E |
|---|---|---|---|---|---|
| カード | 赤 | 緑 | 白 | 黒 | 青 |
| ボール | 白 | 赤 | 黒 | 青 | 緑 |

### ● 情報提供のお願い ●

　就職活動研究会では，就職活動に関する情報を募集しています。

　エントリーシートやグループディスカッション，面接，筆記試験の内容等について情報をお寄せください。ご応募はメールアドレス（edit@kyodo-s.jp）へお願いいたします。お送りくださいました方々には薄謝をさしあげます。

　ご協力よろしくお願いいたします。

## 会社別就活ハンドブックシリーズ

# カプコンの
# 就活ハンドブック

| | |
|---|---|
| 編　者 | 就職活動研究会 |
| 発　行 | 令和 6 年 2 月 25 日 |
| 発行者 | 小貫輝雄 |
| 発行所 | 協同出版株式会社 |

〒 101 − 0054
東京都千代田区神田錦町 2 − 5
電話　03 − 3295 − 1341
振替　東京00190 − 4 − 94061

印刷所　協同出版・POD 工場

落丁・乱丁はお取り替えいたします

# ●2025年度版●
# 会社別就活ハンドブックシリーズ
【全111点】

## 運　輸

東日本旅客鉄道の就活ハンドブック

東海旅客鉄道の就活ハンドブック

西日本旅客鉄道の就活ハンドブック

東京地下鉄の就活ハンドブック

小田急電鉄の就活ハンドブック

阪急阪神 HD の就活ハンドブック

商船三井の就活ハンドブック

日本郵船の就活ハンドブック

## 機　械

三菱重工業の就活ハンドブック

川崎重工業の就活ハンドブック

IHI の就活ハンドブック

島津製作所の就活ハンドブック

浜松ホトニクスの就活ハンドブック

村田製作所の就活ハンドブック

クボタの就活ハンドブック

## 金　融

三菱 UFJ 銀行の就活ハンドブック

三菱 UFJ 信託銀行の就活ハンドブック

みずほ FG の就活ハンドブック

三井住友銀行の就活ハンドブック

三井住友信託銀行の就活ハンドブック

野村證券の就活ハンドブック

りそなグループの就活ハンドブック

ふくおか FG の就活ハンドブック

日本政策投資銀行の就活ハンドブック

## 建設・不動産

三菱地所の就活ハンドブック

三井不動産の就活ハンドブック

積水ハウスの就活ハンドブック

大和ハウス工業の就活ハンドブック

鹿島建設の就活ハンドブック

大成建設の就活ハンドブック

清水建設の就活ハンドブック

## 資源・素材

旭旭化成グループの就活ハンドブック

東レの就活ハンドブック

ワコールの就活ハンドブック

関西電力の就活ハンドブック

日本製鉄の就活ハンドブック

中部電力の就活ハンドブック

九州電力の就活ハンドブック

## 自動車

トヨタ自動車の就活ハンドブック　　　デンソーの就活ハンドブック

本田技研工業の就活ハンドブック　　　日産自動車の就活ハンドブック

## 商　社

三菱商事の就活ハンドブック　　　　　伊藤忠商事の就活ハンドブック

住友商事の就活ハンドブック　　　　　双日の就活ハンドブック

丸紅の就活ハンドブック　　　　　　　豊田通商の就活ハンドブック

三井物産の就活ハンドブック

## 情報通信・IT

NTT データの就活ハンドブック　　　　サイバーエージェントの就活ハンドブック

NTT ドコモの就活ハンドブック　　　　LINE ヤフーの就活ハンドブック

野村総合研究所の就活ハンドブック　　SCSK の就活ハンドブック

日本電信電話の就活ハンドブック　　　富士ソフトの就活ハンドブック

KDDI の就活ハンドブック　　　　　　日本オラクルの就活ハンドブック

ソフトバンクの就活ハンドブック　　　GMO インターネットグループ

楽天の就活ハンドブック　　　　　　　オービックの就活ハンドブック

mixi の就活ハンドブック　　　　　　DTS の就活ハンドブック

グリーの就活ハンドブック　　　　　　TIS の就活ハンドブック

## 食品・飲料

サントリー HD の就活ハンドブック　　日本たばこ産業 の就活ハンドブック

味の素の就活ハンドブック　　　　　　日清食品グループの就活ハンドブック

キリン HD の就活ハンドブック　　　　山崎製パンの就活ハンドブック

アサヒグループ HD の就活ハンドブック　キユーピーの就活ハンドブック

## 生活用品

資生堂の就活ハンドブック　　　　　　武田薬品工業の就活ハンドブック

花王の就活ハンドブック

## 電気機器

| | |
|---|---|
| 三菱電機の就活ハンドブック | パナソニックの就活ハンドブック |
| ダイキン工業の就活ハンドブック | 富士通の就活ハンドブック |
| ソニーの就活ハンドブック | キヤノンの就活ハンドブック |
| 日立製作所の就活ハンドブック | 京セラの就活ハンドブック |
| ＮＥＣの就活ハンドブック | オムロンの就活ハンドブック |
| 富士フイルム HD の就活ハンドブック | キーエンスの就活ハンドブック |

## 保　険

| | |
|---|---|
| 東京海上日動火災保険の就活ハンドブック | 三井住友海上火災保険の就活ハンドブック |
| 第一生命ホールディングスの就活ハンドブック | 損保ジャパンの就活ハンドブック |

## メディア

| | |
|---|---|
| 日本印刷の就活ハンドブック | エイベックスの就活ハンドブック |
| 博報堂 DY の就活ハンドブック | 東宝の就活ハンドブック |
| TOPPAN ホールディングスの就活ハンドブック | |

## 流通・小売

| | |
|---|---|
| ニトリ HD の就活ハンドブック | ZOZO の就活ハンドブック |
| イオンの就活ハンドブック | |

## エンタメ・レジャー

| | |
|---|---|
| オリエンタルランドの就活ハンドブック | 任天堂の就活ハンドブック |
| アシックスの就活ハンドブック | カプコンの就活ハンドブック |
| バンダイナムコ HD の就活ハンドブック | セガサミー HD の就活ハンドブック |
| コナミグループの就活ハンドブック | タカラトミーの就活ハンドブック |
| スクウェア・エニックス HD の就活ハンドブック | |

▼会社別就活ハンドブックシリーズにつきましては，協同出版のホームページからもご注文ができます。詳細は下記のサイトでご確認下さい。

https://kyodo-s.jp/examination_company